# はずむ!「会話」の作り方

ネガティブな私が"会話の仕事"を続けられる50の方法

望月理恵
Mochizuki Rie

辰巳出版

装幀　一瀬錠二（アートオブノイズ）
本文デザイン・作成　若松隆（And D）
衣装協力　水嶋由紀子（WID）
カメラ　三好宣弘（RELATION）
企画協力　高井健司（東阪企画）／杉本悠太（セント・フォース）
編集協力　荻野守（オフィスON）／堤澄江・加藤道子（FIX JAPAN）
企画編集担当　湯浅勝也

# はじめに

この本を手にとってくださったということは、少しでも会話について悩んでいるか、もっと知りたいと思っているか……あるいは、私に興味があるか⁉

なんでも構いません。ありがとうございます。


じつは私自身が、日々、もっと会話がうまくならないかと悩んでいる一人です。

そのうえ、人見知りでネガティブ、さらに自意識過剰の三拍子揃っています。

「もしかしたら周《まわ》りは私のことをこんなふうに思っているんじゃないかな、ダメだ、私……」

と、こんなマイナス思考を日々、繰り返してきました。

人づきあいって難しいな〜と、今もいろいろ悩みは尽きませんが、そんな私が会話の仕事をしてきて早20年。たくさんの人たちと出会い、気づいたことがあります。

それは「言葉は自分を守ってくれる」ということ。そして、自分も周囲も機嫌よく過ごすためのアイテムであることもわかりました。

本書は話し方についてのガチガチの技術論ではありません。私がこれまで実践してきたなかで、会話に対する考え方をはじめ、場の作り方や人との距離の縮《ちぢ》め方について書かせていただきました。

もちろん、簡単に実践できることばかりです。ほんのちょっと発想を変えるだけで、会話におけるストレスがなくなると思っています。

やはり会話とは、それなりに「作り方」や「進め方」があります。言い換えれば、会話と料理は似ているところがあって、基本はレシピに沿《そ》って作ったほうがおいしくできる。さらに基本ができれば、そこから自分なりにアレンジしていけば、なおいい、みたいな。

また、仕事でかかわった尊敬する先輩方から学んだ点や、私のレギュラー番組

# はじめに

『ズームイン!!サタデー』のなかの「スナックモッチー」のコーナーに来店していただいた、すばらしいお客さまとのエピソードもたくさん紹介しています。

みなさん、もっと機嫌よく生活したくないですか？　その機嫌は周りにも影響します。はずむ会話の作り方さえつかめば、いつの間にか周囲の人と無理なくコミュニケーションができるようになります。

本書を通じて、こんな考え方もあるんだと思っていただけたら、うれしいです。

平成29年4月吉日

望月理恵

はずむ！「会話」の作り方
ネガティブな私が〝会話の仕事〟を続けられる50の方法

# CONTENTS

はじめに 003

CHAPTER 0

## ネガティブだってかまわない
### 人見知り・話し下手の「あなた」にもできる

01 人見知りでネガティブだからこそ、機嫌のいい女になれる!? 014
02 「ネガティブ劇場」の自分を認めると、俯瞰して物ごとが見られる 019
03 特化しているものがないというコンプレックスを強みに変える 022
04 どんなにマイナス思考になっても、すねない 024
05 ネガティブな自分の感情を否定しないで受け流す 027
06 ネガティブさんは落ち込んだ気分を自分で上げるしかない 030

CONTENTS

07 ネガティブでも機嫌がいいと、会話上手になれるきっかけになる 034

COLUMN 「スナックモッチー」来店のすばらしいお客さま①
どこまでも自然体な「会話力」で魅了する 杏さん 037

CHAPTER 1
**場を作る**
相手が話しやすい「雰囲気」を作る

08 「人はわかり合えない」を前提に「場作り」を考える 040

09 会話する場所が「ホーム」の場合、言葉のマッサージから始める 044

10 共通の話題がないとき、きっかけトークを何でつなぐか 048

11 「あなたに興味があります」の姿勢を言葉に変える 052

12 「その場を楽しむこと」が会話の大前提 056

13 相手への思い込みは会話の場作りにはNG 059

14 あえて自分のペースを崩さないことも大事 062
15 苦手な相手との会話で大切なことは？ 065
16 心地いい会話のためには自己メンテナンスも必要 069
17 ふだんから自分の頭の引き出しにいろいろな知識を入れておく 073
18 居心地のいい会話ができると、「また会いたい人」になれる 079
COLUMN 「スナックモッチー」来店のすばらしいお客さま②
ほどよい距離感が心地いい、エンターティナー 亀梨和也さん 083

CHAPTER 2

# 聞く

## 相手の「心」を開かせ、積極的に聞き出す

19 ファースト・クエスチョンで相手のタイプをまず知る 086
20 相槌はあえて打たなくてもいい 091

CONTENTS

21 わからない言葉が出てきたら、「遊び返し」で切り抜ける 094
22 相手の「間」はあせらず待つ 097
23 聞きづらいことはあえてストレートに「うかがう」 101
24 「オウム返し」と「要約」の効果的な使い方 105
25 話が長い相手に次の話題へ切り替えてもらうには？ 108
26 相手の話についていけなくなったら、「教えをこう」姿勢をとる 112
27 言葉を生かすも殺すも自分しだい 115
28 「会話の糸」を切らないことが大事 119
COLUMN 「スナックモッチー」来店のすばらしいお客さま③
その笑い声をもっと聞いていたい！
こちらが夢中になるチャーミングなJUJUさん 122

CHAPTER 3

# 話す
## 自分の「ペース」で伝える


29 「いいね！」はとても危険な言葉？ 126
30 「個人ネタ」はひとまず封印する 131
31 男女も世代も越え、あらゆる人と会話してみる 133
32 難しい言葉はあえて使わない 136
33 3分間に一度、「知識」「共感」「笑い」を入れる 139
34 叱るときはピンポイントでする 142
35 「否定」も「肯定」もしないフラットな自分でいる 146
36 「怒り」の感情が起こったとき、こう考えてみる 149
37 会話の「輪」にうまく入ることができないとき、どうするか 152
38 初対面の人に対して、むやみにもち上げない 155

39 話が行き詰まってしまったとき、どうリードするか 158
40 言いすぎたと思ったときは、間髪入れずに即フォローする 161
41 声にも「表情」が出せる 163
COLUMN 「スナックモッチー」来店のすばらしいお客さま④ 人を楽しませることを極めたトーク力！ ムロツヨシさん 165

CHAPTER 4

## 距離を詰める
相手との「あいだ」を縮める

42 友だちから学んだフラットな距離感とは？ 168
43 相手に好き・嫌いのレッテルを貼らない 172
44 敬語を崩すのは、驚いたり、独り言のように話すときだけでいい 175
45 相手との心地いい会話は笑いをとるよりも「ゆるませる」 179

46 人との距離に悩んだら、「吸収しよう」とするスタンスをとる 182
47 友だちとの関係に悩んだら、どうするか 187
48 距離のとり方がうまい人って、どんな人？ 191
49 キャンセルの仕方で距離感が試される 194
50 相手にお願いするときも距離感が大事 197
COLUMN 「スナックモッチー」来店のすばらしいお客さま⑤
「ご近所感」で距離がグングン縮まる **いとうあさこ**さん 201
**おわりに** 203

CHAPTER 0

# ネガティブだってかまわない

## 人見知り・話し下手の「あなた」にもできる

# 01

## 人見知りでネガティブだからこそ、機嫌のいい女になれる!?

ここ数年、メディアも含め、世間ではポジティブ思考が主流となっています。

「何事も前向きに！」

「マイナスな口癖はＮＧ。ポジティブな言葉をいつも使おう」

など、つねに明るく前向きな姿勢を求められ、どんな人とも自然に打ち解《と》けて会話ができる人、人間関係を円滑に築《きず》ける人が理想とされています。

確かにそれが無理なくできれば、すばらしいですよね。

でも、いざ自分のことに置き換えてしまうと「理想の自分」と「現実の自分」のギャップに打ちのめされそうになること、誰にでもあると思います。

よく私は、仕事で会う方々から、

**「モッチーさんは、いつも明るくていいね！」**

**「どんな人がゲストで来ても、場を盛り上げてすごいよ」**
**「いつも笑顔がすてきですね」**
**「いつも機嫌がいいよねー」**
**「友だち、多そう」**

……自分で書いていて、だんだん恐縮してきたので、このへんでやめておきますが、ありがたいことによくこのように言っていただいています。

確かにふだんから理由もなく不機嫌になることもありませんし、人に対して感情をぶつけることもありません。

毎週土曜日朝に放送している日本テレビ系の情報バラエティー番組『ズームイン!!サタデー』の司会をつとめて、今年で12年になりますが、これまで大勢のゲストの方にインタビューをさせていただいて、どうしようもなく沈黙して困った、という経験もありません。

このようなお話をすると、たいていの方は、

**「モッチーさんは、もともと明るくて、話し上手《じょうず》で、人とのコミュニケーションが得意だから……」**

と思われるかもしれません。でも、ここで白状します。

## じつは私、人見知りの、超ネガティブ人間なんです！

テレビでは楽しそうにしていますが、じつは毎日、悩みがてんこ盛り。しかも子どもの頃からすごく人見知りで口下手《べた》でした。母親からはずっと、

**「理恵ちゃんは、ネクラやね」**

と言われてきました（事実、家族のなかでは今でも一番、口数が少ないのは私です）。本番前や大勢の人の前でもすぐ緊張して、いまだに「人」という字を手のひらに3回書いて飲んでいます。古っ……。

いつも機嫌がいいのでポジティブに思われがちですが、じつは根っからのネガティブ気質。

その証拠に、私を古くから知る『ズムサタ』のプロデューサーやスタッフのみなさんは、私が毎回、生放送のあとのミーティングで、

「今日も、オープニングトークで少し噛《か》んじゃった。失敗したぁぁ」

「あのコーナーのロケ、私だけしゃべり過ぎだったかな？　やっぱり出しゃばり

だったよねぇ」

と自分へのダメ出しばかりしているので、

**「モッチーさんって、なんでそんなにマイナス思考なんですか？」**

と、半分、あきれられているくらいです。

「そんなに気になりませんでしたよ。全体的によかったと思いますけど」

などと言われようものなら、

「よかった部分は、具体的にどこらへんかな？」とスタッフを問い詰めるほど面倒くさいタイプです。

最近は、新人時代と比べると、ダメ出しされることも少なくなりました。もちろん場数《ばかず》を踏んでいるからこそ、こなせることも増えたのかもしれません。

でも、いまだに自分に満足できず、足りないところに目がいってしまう性分《しょうぶん》は直りそうにありません。

自分へのダメ出しは過去のことだけでなく、未来に関しても同じ。初めてチャレンジするようなお仕事の話がきたとき、最初は大喜びしているのですが、本番が近づいてくると、ついついネガティブが顔を出し、

「こんな自分が引き受けてよかったのだろうか……？」

「最後までやりきれるかな」

などと、心配ごとが雪だるま式にふくらんでしまいます。

みなさんにも、こんな経験や思い、ないですか？　私と同じように、じつは人とのコミュニケーションが苦手で、マイナス思考で、人と上手に話せない、と悩んでいる方々はたくさんいらっしゃると思います。

**人見知りで口下手でネガティブな私が、なぜ人にインタビューしたり、人に伝える仕事を続けていけているのか？**

この章では、ネガティブでも話し上手になれる原点について、お伝えしようと思います。

いいなと思ったものがあれば、一つでも参考にしていただけたらと思っています。

# 02

# 「ネガティブ劇場」の自分を認めると、俯瞰して物ごとが見られる

もともとネガティブで心配性な人に、

「些細《ささい》なことは気にしないで」

と言ってもなかなかむずかしいですよね。私も、そうです。

ネガティブはよくない、いつも前向きに！　と強制されると、もともとネガティブな人にとっては、すごくストレスを感じます。

それでいて、「ありのままの自分を大切に」なんて言われると「何が正解なの？」と、よけいに気持ちが混乱してしまいます。

かつて私も、ネガティブな自分の性格が嫌で、必死に前向きな自分を演じ、へとへとに疲れてしまった経験があります。

いくらポジティブに考えようと思っても、気持ちの底では「こんな自分で大丈

夫？」というネガティブな気持ちがどうしても頭をもたげてしまうからです。

私の場合はまず、

## ネガティブな自分を認めること

から始めました。

心配ごとや不安やコンプレックスを感じてしまったとき、それを否定せずに、

「あ、またネガティブ劇場が始まったぞ」

と、思うようにしています。

ネガティブな自分を演じている、そんな自分を見ているもうひとりの自分。そうやって考えられるようになると、自分自身を俯瞰《ふかん》して見ることができるのです。

すると、不思議とネガティブな気持ちから生まれる自分自身の本当の想いに気づくことができます。

ダメな自分にフォーカスすることは、それだけ理想の自分に近づきたいという思

いが強いからです。

**自分へのダメ出しは、自分に足りない部分を知り、少しでも理想の自分や素敵な人生に近づくヒントをもらっているんだと気づいたのです。**

「自分のこんなところが嫌だ」

「うまくいかなかったら、どうしよう？」

そんな不満や不安にこそ、飛躍へのカギがあります。そうやってネガティブな自分をしっかり受け止めていこうと思えたことも、私が今の「話す仕事」を続けられている大きな理由だと思っています。

# 03

## 特化しているものがないという コンプレックスを強みに変える

話す仕事をしていると、「あなたの特化しているものは何ですか?」と、いろんな方から聞かれます。

私の場合、「このテーマに関しては誰にも負けない。とことんしゃべられます」という望月理恵にしかできない唯一無二の仕事と言い切れるものがないのがずっとコンプレックスでした。

でも、あるとき事務所の社長から、

「モッチーは、だからいいんじゃない? **偏《かたよ》ってないからこそ、いろんな人といろんな話ができるんだよ。**それが一番いいよ」

と言ってもらえて、すごく気が楽になったんですよね。

もし特化するものがあったら、そのことでいろいろな番組に呼ばれることはあるかもしれません。でも偏っていないからこその仕事もある、と気づいてからは、**自分には強みがないと思うことをやめました。**

ネガティブな自分を少しずつ受容していくと、コンプレックスを強みに変えることができるようになります。

別に何者かになろうとしてなくていい。何もない人なんていない、と気づいてから、話す仕事に関してのスタンスは明らかに変わった気がします。

# 04

## どんなにマイナス思考になっても、すねない

ネガティブな自分というマイナス思考の自分を受け入れてからも、一つだけ絶対にしないように決めていることがあります。

それは、

**「すねないこと」**

です。

ネガティブな人はどうしても、自分のマイナスな感情に飲み込まれて、最終的には「どうせ私なんて……」とすねてしまいがち。

たとえばせっかく人が「こういう面がよくなかったんじゃない？　もっとこうしたほうがいいよ」とアドバイスをくれても、それに対して、

「なんでそんなこと言われなきゃいけないの？　どうせ私はダメですよ」

と言葉や態度に出してしまう。それが、

**一番もったいない**

と思うんです。

私も新人時代はつい、スタッフから言われた言葉にすねていた時期がありました。言われたことが核心をついているからこそダメージがあったわけです。

**そのことに対して素直に「ごめんなさい。言っていただいてありがとうございます」と言えるかどうかは、その後の自分の伸びしろに影響すると思います。**

一昔前に「褒《ほ》め殺し」という言葉が流行《はや》りました。人をダメにするのは簡単です。ただずっと「いいよ、すごいね。最高!」って褒めていればいいのですから。

私は根っからのマイナス思考なので、「あなたはそのままでいい」と言われると、なんだか手ごたえがなくて拍子抜けします。

逆に「あなたのこういうところがダメ。もっとこうしたほうがいい」とビシッと言われたほうが俄然やる気が出るんです。

きっともっとステップアップしたいからなんでしょうね。ネガティブだからこそ、マイナスをプラスに変えたい、という願望が強いのかもしれません。

私は、仕事の関係者には収録が終わったあとには必ず、

**「今日のダメだったところは、どこだったでしょうか？」**

と、聞くようにしています。普通はダメ出しって、嫌なことなんですけどね。

でも、自分のダメなところ、できなかったことにこそ可能性が潜《ひそ》んでいます。だからこそ、**できない自分にすねちゃうのはもったいない！　ダメ出し、どんとこい！　いや、やさしくドンときてほしいですね。**

# 05 ネガティブな自分の感情を否定しないで受け流す

ここまでいろいろと「ネガティブ活用法」みたいな話ばかりお伝えしてきましたが、読んでくださった方のなかには、

**「これが会話術にどう関係するの？」**

と、思われたかもしれません。

でも、最初にしっかり、自分のネガティブな性格を上手にコントロールできるコツを知っていることが、人見知りでネガティブでも会話上手になることにつながると思っています。

とくにマイナス思考の人は、人間関係や人との会話でつまずいてしまうと、そこで落ち込んで閉じこもってしまいがちです。

もともと、一度の失敗が尾を引くタイプなんですよね。これがポジティブな性格の人なら、一度や二度や三度の失敗でも、

**「人生そんなこともある。気にしない、気にしない」**

と笑い飛ばせるでしょうが、ネガティブさんは違います。

**「ああ、私はやっぱりダメなんだ……」**

と、ドツボにはまり、イジイジしてしまいます。これ、ひところの私のパターンです。

まず私が実践したのは、

## 「ネガティブな自分を否定しない」

こと。

もしネガティブなことを考えて、その通り、失敗しちゃっても、「またネガティブなことを考えちゃった。だからダメなんだ」と否定しないで、「思った通り、失敗しちゃった。ハイ、おしまい！」と、ありのままの感情を認めつつ、引きずらないで受け流すこと。

ネガティブ劇場を繰り広げて、あれこれ気にして落ち込むことがあっても、これまで何とか仕事もプライベートも回っているから、それはそれでよしとしよう、と思いと引きずらないですみます。

みなさんも、ときには自分がよかれと思ったことが裏目に出て落ち込むこともあると思います。

でも、１００人が１００人、ダメだっていうこともないし、

**失敗しても命をとられるわけではない。**

ときどき過去の失敗を思い出すこともネガティブさんにはよくあることですが、そんなときは「自分がしたこと」というより、「過去にこんなケースがあった」と思えばいい。

ケーススタディで学ぶ意識があると、

**「今度同じようなシチュエーションがあったら、次はこうしよう」**

と、とらえ方が変わります。

それが原動力となって、少しずつ気持ちの切り替えが上手にできるようになっていくのです。

# 06

## ネガティブさんは落ち込んだ気分を自分で上げるしかない

みなさんは、自分が思うように話せなかったり、人間関係でストレスを感じたとき、どのようにしていますか？

きっと誰かに相談したり、友だちに話して落ち込んだ気分を解消していることも多いんじゃないでしょうか。

確かに気心の知れた友人に愚痴《ぐち》をこぼすのもいいのですが、私は基本、

**自分の気分や機嫌は自分で上げるもの**

と思っています。

誰かに相談すると、きっと相手は、

**「気にしない」「大丈夫だよ」「きっとうまくいく」**

と、励《はげ》ましの言葉を言ってくれると思います。

本当にそう思ってくれているのだとも思いますが、気をつかわせているなーと、また自分を責めるときがあるんです。

私も誰かが相談にきたときは、言います。

「大丈夫」「気にしない」

それはそれで解消できるときもありますが、自分が納得がいかないと、前に進めなくないですか？


また、年齢を重ねていくと、体調面でもなかなか晴れの日が続かなくなります。

**毎日、どこかがしんどい。**


今日は肩が痛い、胃が痛い。化粧ノリが悪い、まつげ取れてる、とか。でも、それも含めて、まずは受け止めるしかないんですよね。

それとは逆に、歳を重ねると自分が楽しいと思うこと、やっていて気持ちいいことも増えていきます。

この食べ物を食べると調子がいい、この服を着ると気分が上がる、この香りをかぐと快《こころよ》い、この人と話すとテンションが上がる、など。

このように、**自分のテンションが上がることやアイテムを増やしていくと、たとえ落ち込んでも回復が早くなります。**

また、考えごとをするときは、絶対、日が昇っているときがいいですよ！

逆に夜、寝るときに悩まないほうがいい。

人間は身体を横たえると、考えがネガティブになりやすいそうです。それを知ってからは、ここ10年くらい、悩みごとは朝、起きてから、

「あれ、どうしよう？」

と考えるようにしています。

**朝日を浴《あ》びて、軽く体操したあとに考えれば、自分の動きと頭の思考がうまくリンクして、いい解決策が見つかったりします。**

そうやって自分のテンションを上げていく方法をいくつか持っていると、頭のな

かが悩み100%でも、しだいに分散していきます。

結局、自分の気分や機嫌は自分で上げていくしかありません。誰かに上げてもらおうとすると、空振りすることもあるので……。途中で人のせいにしちゃったりもして、また自己嫌悪。一番いやなことです。

なので、大人になるにつれて自分で機嫌をよくする方法が増えたことで、私は「機嫌がいい女」でいられる時間が増えたんだと思っています。

# 07

# ネガティブでも機嫌がいいと、会話上手になれるきっかけになる

そうやって、ネガティブな自分を上手になだめすかして機嫌がいい自分になっていくと、自分の周りも機嫌がいいオーラが広がっていきます、不思議と。言葉で上手に話せなくても、機嫌がいい自分でいるだけで、相手から返ってくる言葉も違ってきます。

暗い顔してため息ついて、低い声でボソボソ話していると、相手もそれにつられて暗くて重たい気持ちになります。それだと会話もはずまなくて当然ですよね。なので私のモットーは、上手に話すノウハウ的なことより、

**まずは自分自身が機嫌よくいること。**

『ズームイン!!サタデー』のなかの私のコーナー「スナックモッチー」も、じつは

私自身は大した話はしていないんですよ。

でも、**機嫌がいいオーラに自分自身を包《つつ》んでいると、どんな言葉や会話をしたか以上に、相手も機嫌がよくなって心地がいい空間を作ることができている。**私は、何よりそれを大事にしています。

ここまでお伝えしてきたことは、別に上手な会話のノウハウではありません。でも、ネガティブさんが陥《おちい》りがちなネガティブな無限ループはやっぱり自分の手で断《た》ち切るべきだと思うのです。

それが、たとえ人見知りでもネガティブでも、相手との距離を縮《ちぢ》める第一歩です。

ここまで書いてきて、みなさんにちゃんと伝わっているか、心配になってきました（笑）。そんなネガティブ気質は、きっと一生変わりません。でも、私は「話す仕事」を続けられています。

## ちょっとした意識改革をしただけ

でした。

まずはそれを伝えたいのです。

次の章では、具体的に、相手も自分も機嫌がよくなる会話をするための「場の作り方」について、お伝えしていきますね。

COLUMN 「スナックモッチー」来店のすばらしいお客さま①

# どこまでも自然体な「会話力」で魅了する　杏さん

映画のプロモーションで来店された、杏《あん》さん。

子育て真っ最中だった杏さんは、女優業と子育ての両立の話など、ざっくばらんにお話ししてくださいました。


彼女は居心地のいい雰囲気をもつステキな女性。

博学な方であり、どんな質問をしても杏さんならではの切り口で返してくれました。その独自な返答がとても斬新《ざんしん》でおもしろくて。

それだけでも感心しきりだったのですが、さらにおどろいたのは、彼女の「会話力」です。


ふだんは「私が質問し、ゲストに答えていただく」という流れが一般的ですが、**杏さんの場合は「杏さんが私に質問返しをする」という新しいパターン。**

しかも、私の質問に対して、6割に近い数で質問返しをしてくださるというきわめて油断ができない状況！（笑）。

スナックモッチーにおいては、「自分が答える」ということはあま

りなかったように思います。

しかし、質問されることって、つまりは「自分に興味をもってくれている」ということなので、素直にうれしかったです。

それに、**「質問をし合える」ということは、もちろん会話もはずみますし、これこそが、真の意味での「会話」だと思いました。**

放送されてなかったのですが、収録中2人の会話は途切れることがなく、私も思わず仕事であることを忘れそうになったほど、女子トークが盛り上がったことを覚えています。

会話というのは、どちらかが質問をし続けるだけじゃ話がふくらみませんし、楽しくないですよね。

人と話すことの楽しさを、改めて杏さんから学ばせていただきました♪

CHAPTER 1

# 場を作る

相手が話しやすい「雰囲気」を作る

# 08

## 「人はわかり合えない」を前提に「場作り」を考える

話す仕事を長年していて思うのは、

**「人はわかり合えない」**

ということです。

あら、またネガティブさん？と思われた方、少し説明させてください。

私も含め、人は自分の思いや考えをいつも正直に１００％相手に伝えられるわけではありません。なぜなら、心では悩みがあっても表面上は「大丈夫よ」と明るくふるまったり、本当は好きなのに「好き」と伝えられなかったり、大切に思っているからこそ、相手に厳しい言葉を投げつけたり……。それが人間の心理だからです。

また、自分のことをわかってほしいと思うと、つい相手からの返答に期待しすぎ

てしまいますよね。私も、いつもこのパターンで自爆しています（笑）。このように自分が想定する返事が返ってこないと、勝手に相手に失望してしまうのも、よくあることだと思います。

基本は「わかってほしい」「わかってあげたい」という思いがあっても、すれ違ってしまうのが人間関係の難しさなのかもしれません。

しかも、たとえ同じ言葉（セリフ）を使っていても、その言葉に込めた思いや感情は人それぞれ違います。

それは言葉を投げかけられた人の受け取り方によっても違ってきます。たとえば、自分が嫌だなと思っている相手から、

「あなたなら、大丈夫よ」

と言われても、内心は（他人ごとだと思って、簡単に言わないで）と思うかもしれません。

でも好意をもっている相手から、

「大丈夫だよ」

と言われたら、受け取るほうは（応援してくれてるんだ、うれしいな）と感じる

でしょう。

言葉で気持ちを伝えたり、わかり合うのは難しいな、と思うのはそういうところなのかもしれません。

でも、だからこそ、

## 自分の思いをきちんと届けようとする姿勢は大切

だと思います。

誠意をもって話すことを心がけるだけでも、言葉によるすれ違いは少なくなるのかもしれません。

……そんな「場作り」ができれば、相性が100％までよくなくても、理解できない部分があっても、会話ははずむと思うのです。それだけではなく、相手とも、しだいに打ち解け、いい関係が始まる第一歩になったりする場合もあります。

人はわかり合えない、ということを原点にして歩《あゆ》みよると、相手への過度な期待がなくなり、「本音を語っているかどうか」や「理解できたかどうか」ということだけにフォーカスしなくてすみます。

その分、一緒にいる空間を居心地よくする心得があれば、お互いの気持ちの重なり合う部分が増えてくると思っています。

そのためには、

## 人との関係に期待しすぎない

というのも大切です。

「あの人ならきっとわかってくれるはず」

と決めつけてしまうと、結局は、「なぜわかってくれないの」「誤解されてしまった」という残念な気持ちになってしまいます。

それよりも、**その場をいかに楽しめるか、について心を配《くば》ったほうがよっぽど人間関係は円満になります。**

次からは具体的に「会話がはずむ場の作り方」について、くわしくお伝えしていきます。

## 09

# 会話する場所が「ホーム」の場合、言葉のマッサージから始める

「会話の場作り」で大切なのは、会話する場所が自分にとって「ホーム」（自分の家や会社、なじみの店、知り合いが多い場所）なのか、「アウェイ」（相手の家や会社、初めて行く場所）なのか、ということ。

たとえば「スナックモッチー」の場合は、ゲストの方をお迎えして私がお話を聞く場なので、私にとっては「ホーム」です。

この場合、相手は「アウェイ」ということになります。招かれている立場のほうが気が楽だろう、と思われるかもしれませんが、じつは「アウェイ」のほうが、「相手は話しやすい人かな？　いったい、どんな話を聞かれるんだろう」と、緊張しているものなんです。

私もフリーのアナウンサーという職業柄、「ホーム」でゲストをお招きして会話するほうが、緊張はしますが、やはり気分的には楽です。

なぜなら、「ホーム」にいる側の人間が、その場をコントロールしやすいからです。**自分自身が「ホーム」の場合は、いかに早く相手の気持ちをほぐしてあげられるかが、会話がはずむかどうかのポイントになります。**

そのためには、迎え入れる側が、相手に対して「ようこそ、お越しくださいました！」という気持ちで接することが大切です。

たとえば、皆さんも、仕事で取引先の方を自分の会社に招く場合などがありますよね。

相手が初対面でも、顔見知りでも、

「お忙しいなか、ありがとうございます！　ここまで来るのに、道に迷われませんでしたか？」

「最近、寒い日が続いていますけれど、お元気でしたか？」

「相変わらず、すてきなお召《め》し物ですね！」

「今日は、〇〇さんのお好きなお料理、ご用意してお待ちしていました」

このようなフレーズを笑顔いっぱいで、伝えてみてください。

**相手の方の緊張をほぐすような言葉で気持ちをマッサージしてあげると、相手だけでなく自分の緊張も自然とほぐれていくので一石二鳥です。**

相手の心のツボを押すような言葉のマッサージをするためには、相手への下調べも大事ですよね。

著名人の場合は、相手の情報が公開されていることが多いのでわかりやすいですが、一般の方でも会話のなかや相手の表情で、情報や感情をつかむことはできますよね。

会話のなかで相手の情報を得たら、

「先週、海外へ行かれてたんですね！　お土産《みやげ》話、ぜひ聞かせてください」

など、相手の近況に対してコメントするのが有効です。

初対面の場合は、共通の知り合いから情報を事前に得ておくといいかもしれません。そのなかで、**自分と共通の話題があれば、まずは共通の話題から会話をスタートさせると、会話は自然とはずみます。**

「○○さんって、関西出身なんですってね！　私は兵庫県なんですよ。○○さんは、どこですか？」

「△△さんって、猫好きだってお聞きしましたよ。私、じつは今、猫を飼おうか迷っているんです」

など、初対面の方とは相手と自分との「共通の話題」ができたら、

**つかみはOKです。**

心理学では、

「人は自分と似た人を好きになる」

というのがあります。やはり、自分が興味のあることに関心があるとか、好きなものが同じ、生まれ故郷が同じ、住んでいる場所が近所、趣味が同じなど。

初対面でも、こんな共通項がある相手とは会話がはずんだ経験、みなさんもあると思います。

思わず笑顔になるような話題作りができるといいですよね。

# 10

# 共通の話題がないとき、きっかけトークを何でつなぐか

仕事上では、お会いする方の情報は事前にリサーチしますが、毎日、いろいろな人と接するなかでは、相手の情報がない場合がほとんどです。

パーティの会場やセミナーで出会った方々、知人主催の食事会や会社の営業先のみなさん、外部のスタッフの方々など、ご挨拶《あいさつ》や名刺交換の席で、どんな会話をすればいいのか悩むことがありますよね。

共通点が見いだせないときの助け舟としておススメなのが、天気の話に相手のことをプラスして話すということ。

たとえば、

「今日は温かいですね。そのシャツ、すてきですよね。この時期、着たいんですけど、持ってないんですよ」

と、天気の話だけでなく、必ず「相手のこと」につなげて話すのがポイントです。

外国の方は「なぜ、日本人は天気の話を最初にするのか？」と、不思議に思う人もいるそうですが、老若男女、どこで会って話すにも、やっぱり「天気の話」は定番ですし、お互い、話すきっかけにはなると思います。

もちろん、天気の話じゃなくても、

**その場で気になるものは全部、**

会話のとっかかりにできますよね。

しゃれたレストランでの会話だったら、

「私、このお店、前から来たかったんですよ。なんか○○さん、このお店の雰囲気と合ってますよね」

など、その場で得た情報と、目の前にいる人との印象につなげて話すと、会話ははずみやすいかもしれません。

**なぜ、相手の印象を入れるのかというと、相手にとっては「自分に関心がある、自分のことをよく見てくれている」というメッセージを伝えるほうが、好感をもってもらいやすいからです。**

あとは相手の方の第一印象について触れるのも、私はよく使います。

「声がすてきですね」

「思ったより、背が高いんですね」

とかなら、男女問わず伝えられますよね。

また、久しぶりに会う方だったら、

「髪の毛、切りましたか？」

「少し、スマートになられました？」

そんな印象を伝えながら会話をしていくと、会えなかった時間をつないでいけるのでおススメです。

結局、自分の言葉で相手の印象などを話す理由は、

**相手の言葉を引き出す**

ためのもの。

相手への関心を言葉にして伝えることで、そのことに相手もリアクションができる。そうやって、言葉のキャッチボールが続いていけば理想です。

# 11
## 「あなたに興味があります」の姿勢を言葉に変える

ではなぜ、相手への関心を示すフレーズは、会話がはずむきっかけになるのでしょうか。

それは、

**相手の自己開示を促《うなが》すことにつながる**

からです。

とくに初対面の相手だと、どうしてもお互いが「どんな人なんだろう？」と探《さぐ》り合いをしてしまいます。

**心地いい場を作るには、この「探り合いの時間を短く」することが大事です。**

それにはやはり、自分のほうから相手に対して、「あなたに興味があります」と

いう言葉や表情、態度を示すことによって、相手にまず、「私はあなたの敵ではありませんよ」ということをわかってもらったほうがいいですよね。

どんな人でも自分に興味をもって、話を聞いてくれる人を嫌がる人はいません。

ですが、ストレートに、

**「あなたに興味があります！」**

と面と向かって言葉にするのは気が引けるでしょうから、相手をよく観察して、相手のよい点をピックアップしてみてください。

具体的には、

**外見的な特徴や魅力についてコメントする**

例）「肌の色つやがいいですね。何か健康にいいこと、されているんですか？」

**着ている服装についてコメントする**

例）「すてきなコートですね。私もほしいと思ってたんです」

## 相手の趣味や知識についてコメントする

例）「毎朝、ジョギングされているそうですね。私も始めたいと思っているんですけど、おススメのジョギングコース、ありますか？」

相手によって興味をもつ部分は変わるとは思いますが、あくまでも自分が興味をもったことについて、話題にするのでいいと思います。

じつはこの本の編集を担当してくださった方が、すてきなネクタイをしていたのですが、私が思わず言ってしまった言葉が、

**「まるでイグアナみたいなネクタイですね」**

と。編集の方もその場にいた方々も皆さん、その言葉に思わず笑ってしまって、初対面の場がすごく和《やわ》らいだということがありました。

言葉としては「イグアナみたいなネクタイ」って表現は突拍子もないですが、自分の言葉として表現すると、「それ、どういう意味ですか？」と思う人はいても、怒る人はなかなかいないと思います。

また、相手にとっては、自分の意外なところに興味をもってくれた相手のことは印象にも残るものです。

逆に、その場が楽しく盛り上がればいい、という場合は、相手が興味をもち、うれしいと感じることをあえてチョイスして、話すのもいいと思います。

その際は、表情と言葉で「すごいですね。尊敬します」「なんでそんなことができるんですか？」など、相手を立てて褒める言葉も有効です。

相手から気に入られるようにふるまったり、相手の機嫌をとるという行為は、そんなに悪いことでもないと思うんですよね。

もちろん、

## 嘘でかためて多用するのはおススメしません

が、相手に喜んでもらったり、いい気分になっていただいたほうが、一緒にいる場は断然、盛り上がります。

相手のいい面をどんどんキャッチしながら、それを言葉にしてみてくださいね。

# 12
# 「その場を楽しむこと」が会話の大前提

楽しい会話の場作りは、自分も相手との会話を楽しむということが大切です。相手に合わせて会話したほうが楽ではありますが、

**自分軸《じく》って、やっぱり大事**

だと思うんですよね。

相手にだけ合わせた会話は、やっぱりどこかにしわ寄せがきます。私もいろんな方にインタビューをしてきて、基本はもちろん相手のことをメインにお話を聞きますが、**会話のなかで「自分なりの楽しみの見いだし方」を考えられるようになりました。**

なので最近は、インタビューをしていても、自分が「面白そうだな」と思った内容に食いついてしまうことがあります。

予定ではとくに「聞かなくてはいけないこと」ではなくても、そこで話が盛り上がるのであれば、それはそれでよしとしています。

昔は、事前に考えた質問に沿ってインタビューをしなきゃ、という思いが強かったのですが、今では『ズムサタ』のなかで予定外の話で盛り上がっても、内容が面白かったからこのネタは入れよう、と採用されることも多くなりました。

インタビューだけでなく、

## 会話は「生もの」です。

想定外の展開になっても、自分もその会話を心から楽しんで、相手と心地よく会話のキャッチボールができれば、自然とその場は盛り上がっていきます。

話し下手で、つい聞き役に回ってしまう人も、相手との会話では自分が楽しくなるような内容にどんどん食いついていいと思います。

「わー、それ、どういうことですか？　興味あります！」

って、目をキラキラさせて聞くだけで、相手も悪い気はしないと思います。自分も知りたい情報を相手から聞き出すことができますし、それが心の引き出しに新たなネタとして蓄積されていきます。

逆の立場でも、相手が自分の話を楽しそうに聞いてくれたり、興味をもってリアクションしてくれたら、うれしいですよね。

会話って、そうやって相乗効果で盛り上がっていくものです。なので、まずは自分が相手との会話を楽しむってことが、シンプルだけど一番大切なんじゃないかなと思います。

# 13 相手への思い込みは会話の場作りにはNG

相手との会話を盛り上げるために、事前調査は大切だとは思いますが、相手のことを調べれば調べるほど、自分のなかで、

**「この人には、このネタを話してほしいな」**

**「このことをしゃべってくれたら最高だな」**

と、勝手に決めつけてしまいがちになります。それって、ただのこちらのエゴですよね。

会話の最初から「相手への決めつけ」があると、聞くほうも型にはまって聞きづらいですし、相手も話しづらくなります。

それに、相手の方もいろんなところでお定《さだ》まりの話ばかり聞かれていると、

**「また、その話？」**

と、ノリが悪くなります。

私もインタビューのなかで、相手に話してほしいことをつい、決めつけて聞いてしまい、インタビューが盛り上がらなかった経験が何度かありました。

それからは、その場で本音でしゃべる言葉が一番だなぁ、と実感しました。聞く側が相手の話す内容を要求しすぎないことも大事なんだと思います。

また、プライベートでの会話でも、相手への決めつけはしないようにしています。

なぜなら、

「この人は、私のことを気に入ってくれている」

と思い込んでしまうと、いざ会話がかみ合わなくなったり、相手の言葉に嫌な感じを受け取ってしまった場合に、

「あら、この人ってこんな人だったかな」

と、ギクシャクする原因にもなるからです。

**相手と自分は別々の人間だし、意見は違って当たり前と思うと、自分の勝手な思**

**い込みもなくなってきます。**

無理に意見を合わせようとしなくていいんですよ。もし会話のなかで意見が合わなくても、「なぜ、違うの？」と思わずに、私の場合は、

**「そういう意見もありますよね」**

と、答えるようにしています。

この言葉は、ラジオのパーソナリティをしているときによく使うフレーズなんですが、相手の言葉に肯定も否定もしないので、いい距離感で相手と会話ができるようになります。「へぇ」とか「ほぅ」などは、相手に軽い人間に見られるケースもあるようです。

自分が勝手に相手を決めつけてしまって失敗するより、違いを認めて納得できるほうが、もっと広い視野で会話を楽しめるようになる気がします。

# 14

# あえて自分のペースを崩さないことも大事

相手があまりおしゃべりが得意ではないタイプだったら……？
きっと「どんなことを聞けば盛り上がってくれるかな？」とか「まずは相手が好きなテーマで話しかけよう」と、相手のペースに合わせて話そうとすると思います。
でもこれって、

**じつは逆効果。**

相手にひたすら合わせた会話って、じつは相手にとってはけっこうプレッシャーになるんですよね。

相手からどんどん一方的に質問されると、話すことを強要されているような気にさせてしまうんです。

なので、あまり話さないようなタイプには、あえて自分のペースを崩さないようにしています。

私の場合は、仕事柄、相手にインタビューする側になることが多いのですが、**ときには自分の話もして、まずは自分の心を開くようにしています。**

するど相手の方も、私の話を聞きながら、ふと自分のエピソードも思い出して、

**「じつは私もこういうことがありました」**

って、話してくれたりするんですよ。

いい意味で、自分の話した内容が相手の記憶を呼び起こすってこともあると思うんですよね。

そういう意味でも、自分のペースは崩さずに、聞く側になっても相手とは対等でいいと思っています。

それに自分のペースを崩さないほうが、相手の方も気が楽なんですよね。ひたすら相手に合わせてしまうほうが、相手を査定するみたいな会話になってしまうので

よくありません。

ときには、

## 最初から斜《しゃ》に構えている人もいますよね。

そういう人は、もうしようがない。

年齢には関係なく、「そういうお年頃なのかしら」って。「思春期だね」って思うようにしています（笑）。

そうやって懐《ふところ》を深く、どんな球を投げてくれてもOKって、守備範囲を広くしておくと、相手も自分も肩の力を抜いて会話を楽しめるようになります。

なので、会話の場作りには、それこそ失敗も必要です。もちろん私も失敗するのは嫌ですが、やはり失敗は成功への近道です。

相手のペースに合わせすぎて失敗したり、自分を出しすぎてうまくかみ合わなかったりしながら、だんだんと自分のペースをつかんでいけばいいと思います。

# 15 苦手な相手との会話で大切なことは？

誰にでも、苦手なタイプはいると思います。どんなに「嫌だな〜」と思っても、仕事上、会話をしなければならないこともありますよね。

場の作り方でいうと、そんな苦手なタイプとの会話でも、最初のポジションはやはり、

**「興味、あります」**

という姿勢は大切です。

相手のことを丸ごと「興味、あります」が無理でも、会話のなかで「この内容は興味がある」「この部分は共感できる」というパーツごとでいい。そう、全部好きになろうとしなくていいと思うのです。

そうやって、**苦手な相手に「興味、あります」と接して会話していくと、不思議な**

**ことに、途中で心を開いてくれて、積極的に会話を楽しんでくれるようになります。**

そこでのポイントは、

## 嘘をつかないこと

です。相手が「こう思うでしょう」と一方的に話してきて、それに対して共感できる部分に「そうですね」って返答すればいいんです。

自分でその意見は違うと思えば、きちんと「私はこう思います」と伝えたほうが、じつは相手と信頼関係を築けたりするんですよね。

やはり、「嘘をつかない、合わせすぎない」というのは大事だと思います。

相手との会話のなかで、「これは自分の意見とは違うな」とか「私はいいとは思わなかった」ということに対して、なんでもかんでも、「それ、いいですね、いいですね」と合わせるのは、結局、嘘をつくことです。

そういうときは、相手のことや話題に対して、自分なりにいいところを見つけて、**「私は、ここの部分がいいと思いました」とか「この部分には共感しました」と言えば、嘘をつかずに本音で話せますよね。**

よく女性同士の会話で、誰に対しても、

**「そうだね、わかる、わかる」**

としか言わない人がいます。その場では会話が盛り上がるように見えても、長い目でみたら、ちょっと信用できない人になってしまうことがあります。

私自身も、機嫌のいい女ではいたいけれど、ずっとニコニコ笑っているだけの人ではいたくないですね。

やはり、その話に合った表情や話し方ができると一番いいですよね、笑うときは笑う。真剣に話を聞くときは、真剣な表情で聞くという……。

そこに嘘がない、というのは相手にも伝わります。その場に合った表情や話し方、聞き方ができると、苦手なタイプとの会話も変に構えずに、自分らしく対応できるのではないでしょうか。

そのためには、表情を豊かにすることも、会話するときに大事な要素です。『見た目が9割』という本がベストセラーになりましたが、ちょっとした表情や外見の印象を変えることで話しやすい雰囲気になり、会話がはずむなら、取り入れたほうがいいと思います。

# 16 心地いい会話のためには自己メンテナンスも必要

せっかく前向きに相手との会話を楽しもうと思っても、自分自身のメンテナンスができていないと、会話もスムーズにいかなくなることがあります。

私の場合は、話す、伝えるのが仕事なので、喉《のど》を傷《いた》めて声が出ないとか、乾燥して声が出しづらい、口の周りの筋肉が緊張して滑舌が悪いようなときは、仕事の前に発声のウォーミングアップをしています。

みなさんにおススメなのは、**朝1曲、歌を歌うこと！** 最近は毎日はやらなくなりましたが、昔は、朝からドリカムの曲を歌って喉を温めていました。

やっぱり声は出さないと、いきなりは出ないものなんですよね。歌を歌う以外にも、収録のある日は本番前、スタッフと朝からずっとしゃべっています。

頭のなかで言葉を紡《つむ》いでいるだけでは漠然としていたことが、声を出して言うこ

とで、考えがまとまるというのはよくあることです。

目標や自分の夢は思っているだけではなく、ちゃんと口に出して言葉にしたほうがかないやすい、というのはそれだけ自分自身に思いが刻《きざ》まれるからだと思います。

また、原稿をチェックする際も、必ず声に出して言っています。頭のなかで原稿を読むだけだと、私の場合、本番で失敗することが多いんです。

喉も筋肉で覆《おお》われていますから、声は出さないと退化します。やはり黙ったままでいると、いきなり本番で声は出ないですから。それこそ、ウォーミングアップのつもりで、スタッフと本番前にはしゃべるようにしています。

あとは、**自宅にいるときは加湿器をつねにつけています。**飲み物も冷たいものは喉を冷やしてよくないので、**できるだけ温かいものを飲むようしています。**

また、**毎朝、起きたらマヌカハニーの蜂蜜を大さじ1杯、食べるようにしています。**喉にもいいですし、免疫力も上がるのでおススメです。

寝るときはマスクをして寝ていますが、最近は顔にマスクの紐《ひも》の跡がついちゃうので、気をつけていますが（笑）。

私の場合は、テレビに映るのが仕事なので、メイクが終わったあと、手鏡で横顔と後ろ姿をチェックします。

鏡だと正面からしか自分の顔は見ませんが、テレビだといろんな角度からカメラに撮《と》られるので、意外と横顔のチェックも大事かもしれません。

**できればみなさんも、自分の顔をいろんな角度から見て、どの角度がいいか、知っておくといいかもしれません。**

ちなみに私の利《き》き顔は、自分から見て左側。その角度のほうが自分としては好きなんです。でも「スナックモッチー」は、いつも大体、右側の顔がメインで映ることが多いのが残念なんですけどね。

服装に関しては、清潔感は気にしますが、テレビでも割とふだん通りのイメージでファッションを選んでいます。

**ＴＰＯに合わせることも大事ですが、自分らしいスタイルにするのは、相手とも自然と話せるきっかけになると思います。**

ふだんの自分と違って奇抜なスタイルにしてしまうと、相手の受け取り方も違ってくるので、それはやはり会話にも影響してきます。

ファッションに関しては、

## 自分らしく、頑張りすぎない

ってことも、会話をするうえで大事なポイントになりますね。

あと、**自分の印象を明るくしたいなら、白の服を選ぶといいです。**とくに女性の場合は、顔周りに白をもってくると、明るくきれいに見えます。真っ白のシャツやセーターでなくても、黒やグレーのスーツに白のラインが入るだけですごくきれいに見えますし、アクセサリーもパールをつけると、顔周りが華やかになるのでおススメです。

そう考えると、会話を始める前から、場作りって始まっているんですよね。

**少しでも明るい雰囲気でいるほうが、話しかけやすいですし、自分らしいファッションでいたほうが自分自身も自然体でいられます。**

話下手ではないのに、なんとなく相手と会話がはずまない場合は、自分の服装やヘアスタイルやメイクなどを見直してみるのもいいかもしれません。

# 17 ふだんから自分の頭の引き出しにいろいろな知識を入れておく

会話はライブと同じです。事前に話すテーマが決まっていてもいなくても、相手あってのことなので、どんな展開になるかは未知数の部分があります。
他愛《たあい》もない会話ならいいのですが、違うジャンルの方と話す場合、よくあるのは自分が知らない情報や知識が会話のなかに出てくること。

私も知識不足からくる失敗の経験から、

**自分磨《みが》きは大切だなぁ**

と痛感しています。
私がふだんから行なっている自分磨きは、

**映画や舞台やライブを観る。旅行に行く**

## 気になった本や雑誌を読む

## 映画や舞台、本を読んだあと、気になった言葉をメモする

やはり知識や情報を得ることもそうなんですが、ふだんから言葉を拾う作業を意識してやっていますね。

今もノートを見てみると、いろんな言葉を書き溜めています。あとから読み返すと、「あれ？　この言葉、どこから拾ってきたんだろう」と、わからないフレーズもあるんですけどね。

最近、気になってメモしたのが、仏教の言葉で、「人間が動くのは、マイナスからマイナス、マイナスからプラス、プラスからマイナス、プラスからプラス。この4種類の生き方しかない」という言葉です。マイナスは「よくないこと」、プラスは「いいこと」くらいの意味だと思います。結局、人間はこの方向でしか動けない、というのをメモしてあります。

拾う言葉はそのときの自分の心にマッチしたものなので、あとからノートを読み返すと、「あの頃、なんだか病んでいたな」とか「浮かれてたな」など、日記のように読み返せるので面白いですよ。

あとは頭のなかの連想ゲームも、話す際に活きてきます。ある映画を観たとします。まずは登場人物の印象を書きます。次にストーリーの感想を書いて、日常のなかで自分との共通点があるのかどうか探っていきます。

たとえば、料理に例えたらどうかとか、歌だったらどんな曲にイメージが近いかなど、いろいろなシチュエーションに置き換えて考えてみるのです。

こうやって、頭のなかでストーリーを組み立てられると、ラジオなどで映画のコメントを2分以内で話す、というようなときに役立ちます。

自分で短くストーリーをまとめて感想を話すためには、ふだんから頭のなかで連想しながらコンパクトに話をまとめる練習が必要かもしれません。

私は、

## しゃべることは才能ではない

と思っています。

もちろん、才能がある人もいますが、努力や訓練で必ず上達します。

**毎日、自分が目にした言葉をノートなどに書いて、それを意識して話すレッスンを何回も繰り返していくうちに、いろいろな言葉や知識や情報が自分の引き出しから物を取り出すように、ポンと会話のなかに出てくるようになっていきます。**その
ためには、やはり毎日、練習の積み重ねが大切ですね。

じつは、私がＴＢＳテレビ『世界ふしぎ発見！』のミステリーハンターを担当していたとき、関西弁の発音のイントネーションが出てしまったり、話す速度がなかなかつかめなくて、自分の伝えたいことがうまく話せない、という壁にぶつかったことがありました。

そのときは、**毎日、新聞の一面を声に出して読む訓練と、ＮＨＫのニュースを見ながら、声に出して真似《まね》るという練習をしたんです。**

すると、自然と発音と速度が身についてきました。やはり話す速度はすごく大事で、それさえ変えれば伝えたいことが伝わるんだ、ということを実感しました。目で見る文字と口から出る文字は違うんです。

また、あるスタッフから聞いた話なんですが、名司会者でもある、あるアナウンサーはラジオ番組でパーソナリティをする際、収録の何時間も前からさまざまなフレーズがびっしり書かれたノートを見ながら、事前にしゃべる内容を準備されているそうです。

しゃべりのプロ中のプロのアナウンサーでさえ、しゃべることに対してきちんと準備をされて真摯《しんし》に向き合っているんですよね。

## 普通になんとなくしゃべればいい

では、うまくいかないのは当たり前。とくに人前でしゃべるプレゼンなどをやる場合は、何度も人に聞いてもらい練習してみてください。

さらに何度も練習した後は、それを**1回忘れることも大事です。**なぜなら、自分のシナリオ通りに100%しゃべろうと思っても、実際にしゃべれるのは半分以下だからです。

人との会話でもプレゼンなどの質疑応答でも、ひとつの話でポンポンと転がるように話題が変わっていくので、自分のなかであれこれ準備して勉強したことのすべてを会話にはさみ込めるわけではありません。内心、

「あれも話したかった、聞きたかった」

と思っても、それはこちらの勝手な都合なんです。

**勉強しすぎないのも大事です。**勉強したら1回忘れる覚悟をする。頭の片隅に置いておくくらいのほうが、相手との会話や、大勢を前に話すときにはいい塩梅《あんばい》になるような気がします。

# 18

# 居心地のいい会話ができると、「また会いたい人」になれる

この章では心地のいい会話ができるような場の作り方をメインにお伝えしてきました。何をしゃべるかというより、会話をしていくなかで、相手のよさや意外性を引き出して、それに対して自分らしい言葉で返し、会話がテンポよく進むと、一緒にいる空間そのものが楽しくて充実した時間になります。

さらに欲をいえば、**「この人といると楽しいな」という感情は、「また会いたいな」という思いにつながります。**

たとえば、合コンとかで、なんとか爪痕《つめあと》を残そうとして、自分だけ機関銃のようにしゃべってしまうと、その場は盛り上がりますが、ただの面白い人で終わってしまう。

それより、自分の話を聞いてくれて、

## 「それ、どういうこと？」

と、リアクションしてくれる人のほうが、結局は一番モテる気がします。

女性の場合は、きっと男性が「あの子と一緒だとなんかいいな。ずっとそばにいてほしいな」と思うんじゃないでしょうか。

また会いたい人になるためには、相手への深い気づきが示せるといいですよね。


「スナックモッチー」のゲストで、俳優の岡田将生《まさき》さんが出てくださったときに、

「あのドラマのなかの、あのセリフ、心に刺さりました」

と、ドラマのなかのワンシーンについて、私なりの感想をお伝えしたら、
岡田さんが、

**「ありましたね！　そんなに細かいところまで見てくれたんですね」**

と、すごく喜んでくださって。

岡田さんとのトークのときは、作品に関しての真面目な話と、最後にひと笑いがあって、すごくバランスよく会話が進んだ印象がありました。

やはりお互いが自分の意見や思いを伝え合って、でも、ときどき、ふざけたような会話もはさんでいくような会話は、すごく充実していて時間があっという間にすぎますよね。

岡田さんのときは、トークが終わって、去り際《ぎわ》に、独り言のように、

「楽しかった～」

と、おっしゃってくださって、それがすごくうれしかったのを覚えています。面と向かって、「今日は楽しかった」と言われるより、この去り際の一言って、すごく心に残ります。独り言を言ってるのを、聞いちゃったってスタンスがいいですよね（笑）。

これはプライベートでも、ぜひ使ってみてください。食事をした帰りに、店から出るとき、

**「あぁ、今日は楽しかった」**

って、独り言のように言ってもらうと、私なんか、すごくテンション上がります！

一緒にいる時間が居心地よかったとか、「もっと話がしたいな」「また会いたい

な」と思う人がモテる人だと、私は思っています。
やはり、ちょっとした会話やその場の空気を心地よくできる人は、男女のモテる・モテないにすごく影響しますよね。

話すネタをあれこれ考えるより、きちんと相手のいい面を見つけて、自分の言葉でリアクションしたり、質問したりするだけでも、その場の空気は変わっていきます。

話し下手《べた》さんでも、

## 心地のいい場を作る

という意識があれば、会話の一歩が踏み出せるのではないでしょうか。

COLUMN　「スナックモッチー」来店のすばらしいお客さま②

# ほどよい距離感が心地いい、エンターティナー　亀梨和也さん

KAT-TUN《カトゥーン》の亀梨《かめなし》さんは『ズムサタ』に何度も出演してくださり、「スナックモッチー」では、もはや常連さんとなっています。

そんな亀梨さんをひと言でいうと、「サービス精神満載のエンターティナー」ですね。

**相手にも周りにも気を配《くば》ることができ、場の空気を察する力もある。それでいて、自分の話しやすい環境を一瞬でつくり上げる。**まさに、天才だと私は思います！

自分がゲスト側なのに、話すことを事前に用意しておいてくださるのもさすがなのですが、会話の始まり方も独特。

「モッチー、あれ、髪型変わった？　最近、恋愛してるでしょ？　若返った!!」

なんてさらっと言われてしまうと、一瞬で彼の空気に引き込まれ、テンションも上がります。

そのようにフランクに接してくださり、プライベートに関してもス

マートに答えてくださる、番組としても、非常にありがたい存在です。
しかし、彼がいくらフランクだからといって、私も一緒になって「そうだよねー」なんてタメ口を使うことは絶対にしません。
「親しき仲にも礼儀あり」じゃないですけど、「親しきゲストにも敬語あり」だと思うんです。

**私は自分のペースを崩さず、そしてペースにのまれないためにも、つねに敬語で話すことを意識しています。**

そしてさらにすごいのは、スタッフ全員を亀梨色に変えること。その場にいたみんなが一気に彼のファンになってしまうほど！　あそこまで、サービス精神が旺盛の方ってなかなかいないかもしれません。

相手が自分をどういうふうに見てほしいかを考え、それに合わせてセルフプロデュースし、期待に応《こた》えてあげる。
それを自然にやってしまえる亀梨さん、本当に尊敬しています！

CHAPTER 2

# 聞く

相手の「心」を開かせ、積極的に聞き出す

# 19

# ファースト・クエスチョンで相手のタイプをまず知る

『ズームイン!!サタデー』のなかの私の担当コーナー「スナックモッチー」でいろいろなゲストの方々とお話をさせていただいた経験は、その後の私の人生を変えていくきっかけになったといっても過言ではありません。

思えば、「スナックモッチー」がスタートした頃は、私にとって、まさに修業の連続でした。

ゲストをお招きしてインタビューをすることに、

**自信が持てず、毎週とても緊張しながら収録に臨んでいた**

のを覚えています。

それから長い年月が経《た》ち、今となっては『ズムサタ』は私の「ホーム」であると

自信をもって言えます。

信頼できるスタッフに囲まれながら、楽しくお仕事をさせていただくことで、私の話し下手を克服するチャンスをいただいたことをとても感謝しています。

「スナックモッチー」には、何かしらの番宣で来られる方もいらっしゃいます。

しかしながら、番宣だけするコーナーではないので、他愛もない話をしつつ、ゲストの方の、人としての魅力を引き出すような会話につなげていかなければなりません。

その流れを作るのが私の役割であり、インタビュアーとしての仕事だと思っています。

番宣ありきのゲスト以外の場合でも、事前にそのゲストの方の出演した最新のドラマや映画舞台、アルバムなどは必ず観たり、聴いたりしておくようにしています。

「スナックのママ」という設定でも、基本、私の役目はインタビュアーなので、ある程度は事前に、質問したいこと、聞かなければならないことを準備しておきます。

ですが、実際は「用意した質問なんてまったくできなかった」ということも多々あります。

まず、**会話のとっかかりとして、こちらから質問をします。**

たとえば、「○○さんはふだんスナックに行ったりしますか？」と質問するとします。

それに対して相手がどんな返事をしてくれるかをまず確認するのです。

「いや、ほとんど行かないんです」とひと言で終わるタイプなのか、

「ほとんど行かないんですけど、行ってみたいんですよね！　最近、ロケで地方に行くことが多くて。行きつけのスナックなんかあればいいなと思っていたところなんです！」のように、自分の意見を追加して返してくれるタイプなのか。

そのように、

**私からのファースト・クエスチョンで相手からの返答の傾向を確認するのです。**

「1を聞いて、1しか返答がないタイプ」には、なるべくこちらからクローズド・クエスチョン（質問に対してイエスかノーか、またはAかBかで答えられる質問の仕方）で質問を投げかけるようにします。

その答えのなかから次の質問を探し、なるべくオープン・クエスチョン（相手に自由に気持ちや考えを語ってもらう質問の仕方）で相手が話しやすい内容を拾っていく、という作業をします。

逆に、「1を聞いて、10答えるタイプ」は話が長くなりがち。ある程度、私が会話のイニシアティブを握ることを意識します。

少し間をあけて、次の質問をするなど、なるべく多くのことを質問できるようにします。

どんな相手であれ、相手の返答のなかから、次の質問を探していくのが理想的な形ですが、いくら質問を準備しておいても、

## 「聞きたいことの3割も聞けなかった」

ということがほとんどです。

会話というのは、内容が枝分《えだわ》かれしていきますし、脱線することも多いのです。

なので、私が意図した流れで進むことなんてまずない！と言ってもいいかもしれま

せん。

とはいえ、こちらが質問をする、相手が答える。また質問をする、相手が答える……、それでは「会話」というより「一問一答」のヒーロー・インタビューのようになってしまいます。

「スナックモッチー」にはリハーサルがありません。ラジオなどもほとんどのインタビューは一発勝負です。だからこそ、絶対に聞きたいことは外さず、相手が言った言葉を広げ、

## 会話をつなげていく

ことが、インタビュアーとして一番大事なのかなと思っています。

みなさんも初対面の方と話をするとき、ファースト・クエスチョンに対して相手がどのくらいの言葉で返してくれるかを、まずチェックしてみてください。

相手が「会話が好きなタイプ」なのか「会話が苦手なタイプ」なのかを先に把握しておけば、その後、どのように会話を進めていくかの指針になります。

# 20 相槌はあえて打たなくてもいい

## 人と話すことが苦手だった私

は、話すというお仕事をいただいたとき、どうしたら相手と気持ちよく会話ができるかと迷った時期がありました。

もともと自己啓発本が好きだったので、新人時代は会話に関する本などをよく読んだものです。

そういう本のなかによく書かれていたのが「相手の話を聞くときは、相槌《あいづち》を打ったほうがいい」ということ。

確かに、会話の途中に相手が無反応なのと、「うんうん」と相槌を打ってくれているのとでは、「聞いてくれている感」に雲泥《うんでい》の差がありますよね。

**だから私も、なるべく会話をするときは相槌を打つことを意識していました。**

ところがラジオのお仕事のなかで、自分の声をスピーカーで聞いているときに、自分の打つ相槌が多いことに、違和感を覚えたことがありました。

ラジオは映像がない分、声だけで情報を伝えなければなりません。

そういう状況のなかで、ゲストの言葉に対して、「はいはい」「へー」「うんうん」という相槌が続くと、

「ゲストの話をきちんと聞けていないように伝わってしまうかな？　リスナーにとっても、聞きづらいのではないかな……」と気づかされたのです。

とは言っても、「あなたの話を聞いています」ということを、相手にはきちんと伝えるリアクションはしなければなりません。

いろいろと試行錯誤《しこうさくご》した結果、なるべく相槌を打たず、きちんと言葉で返すということを意識するようになりました。

「うんうん」とやみくもにうなずくのではなく、「確かに、そうですね！」と言ったほうが、**ていねいな印象を与えます。**

また、ラジオの場合は、声に出さなくても大きくうなずいたり、会話をしながら

相手の言葉をメモするようにしています。

そうすることで、ゲストに対して「話をきちんと聞いてくれているな」という安心感を与えることができ、何をうかがっても気持ちよく答えてくれることが増えました。

それと、**一対一で会話をするときは、「相手の目を見すぎない」ということも意識しています。**

一般的には「相手の目を見て会話をする」ことが、よしとされているようですが、じーっと見られていると、逆に話しづらいことも多いようです。

心理学の世界でも、一対一で会話をする場合、対面に座《すわ》るよりも並列に座ったほうが相手との距離を縮めることができるといわれています。

確かに、正面に座って相手にずっと見つめられていると、気恥ずかしいですし、ちょっぴり緊張しますよね。

そうやって、いろいろなタイプの方とお話をさせていただくことで、自分なりのルールや定義を見いだしていきました。

# 21 わからない言葉が出てきたら、「遊び返し」で切り抜ける

**相手と会話をするなかで、相手が自分の知らない言葉を使った場合、あなたはどうしますか？**

そのままスルーしますか？　それとも「どういう意味ですか？」と素直に聞き返しますか？

私の場合、プライベートでの会話であれば、素直に「どういう意味か教えて！」と聞けるのですが、カメラが回っているなかで「それ、どういう意味ですか？」とは、聞きにくい場合があります。

以前、森山直《なお》太朗《たろう》さんが「スナックモッチー」のゲストに来ていただいたとき、こんなことがありました。

私は森山さんとの会話のなかで、「視界には入っていても脳が認識していない心理的盲点」という意味の『スコトーマ』という言葉を使ったのです。

そのとき、その『スコトーマ』というワードに対して、森山さんは、

「それ、何ですか？」と聞かず、

## 「それって、下ネタですか？」

と聞いてきたのです。

私もスタジオも大ウケ！　確かに、ストレートに「何ですか？」と聞くより、間違いなく場が和《なご》みましたね。

森山さんの粋《いき》な「遊び返し」とでも言いましょうか。さすが、アーティストさんですね。センスを感じました！

これを機に、人と会話をしているとき、わからない言葉が出てきたら、そうやって笑いのセンスを入れながらストレートに聞くといいのかも、と思うようになりました。

もちろん、「下ネタですか？」じゃなくてもいいと思います。

「それって、新しいスイーツですか？」

「それって、プロレス技のことですか？」でも、何でもいい。

素直に聞けないときの秘策として、ぜひみなさんも試してみてくださいね。

そうやって、**会話のなかに知らない言葉が出てきたら、それは自分が知らない知識を得ることができるチャンスだと思うんです。**

そう思えば、自分とまったく共通点がない人と会話をすることも怖くなくなってきますよね。

# 22
# 相手の「間」は あせらず待つ

事前に質問を考えていても、

**頭が真っ白になり、「まずい、どうしよう！」とあせる**

こともあります。

私は、どちらかというと、あせると言葉が増えるタイプ。

相手が初めてお会いする方だったり、相手がどんな方なのかつかめない場合、ふと「間《ま》」があいてしまってパニックになり、余計な言葉を発してしまい、落ち込む……というパターンもありました。

**間が怖いという方、けっこういらっしゃるのではないでしょうか？**

とくに、初対面の人と一対一で会話をする場合の、なんともいえないあの瞬間っ

て、本当に緊張しますよね。

このお仕事をさせていただいたばかりのときは、会話の空白を埋《う》めることばかり意識していました。

「頭が真っ白になったら、この質問をしよう」という「間を埋める専用の質問」すら用意していたほどです。

しかし、ラジオやテレビでいろんな方と会話をするなかで、

## 「人によって、間の時間はそれぞれ」

だということを学びました。

たとえば、私が質問をしたときにポンっと即答してくださる方もいれば、ゆっくりと頭のなかで考えて、答えを出してくださる方もいます。

私から質問したのですから、相手に考える時間も与えてあげなければいけないはずなのに、答えを待っている時間のあきが怖くて、ハラハラしたり……。

なのに、相手が答えを考えてくださっているあいだ、空白を埋めるためにあーだ

こーだ話しかけてしまっては、相手にとって非常に迷惑ですよね。

答えを待っているときの間は、それがたとえ沈黙になったとしても、あせらないことです。

でも、テレビやラジオのお仕事のなかでは、やはり時間に制限がありますので、「この件に関して、どう思われますか？」などと聞きながら、間を埋めます。

しかし、テレビもラジオもしばらく沈黙が続くと、放送事故になってしまうので、そこはプロとして意識しつつ、それでも答えが出てこない場合は、

「私だったら、こう思っちゃいますけど、どう思いますか？」というふうに、自ら先に答えちゃいます。

そうすることで、相手は私の答えに対するジャッジができます。私の答えに対して、相手の考えがYESかNOか、それだけでも言葉にして返してくれれば、そこから会話が生まれるという流れにもっていくことができるのです。

間が怖いからといって、矢継《やつ》ぎ早《ばや》に質問を投げかけることがいい会話につながる

とは思っていません。

間があってこそ、豊かな会話ができる、そう思えば、間を怖がることはなくなっていきます。

今となっては、間をあけてくださる方は、

**「きちんと考えて、言葉にしてくれているんだな〜、誠実な方だな」**

と思ってしまうほど。

つまり、内容の濃いインタビューには、ある程度の間は必要なんじゃないかなと思っています。

# 23 聞きづらいことはあえてストレートに「うかがう」

みなさんもプライベートや仕事をするうえで、

**聞きづらいことを聞かなくてはいけない**

という場合があると思います。

私もいろいろな番組をやらせていただくなかで、「番組上、聞かなきゃいけないこと」、または「聞けたら聞いて」と言われるようなことがあります。

そういう場合、**まわりくどくワザとそっちの方向に話をもっていくようなことは、絶対にしません。**

いくら仕事とはいえ、会話って、信頼関係のうえに成り立つものですよね。

一瞬でも、そういった「わざとらしさ」が見え隠れしてしまうと、必ず相手に伝わり、相手もなおさら、その話を拒否すると思うのです。

**私はどんなときでも、自分の気持ちにフェアでいたい。**

だからこそ、相手に変な探りを入れたり、ウソをついたりすることはしたくありません。

なので、**聞きづらいなと思ったことがあったら、素直に聞く。**

その場合、「答えづらかったら言ってくださいね」とか「言いづらかったら言わなくて結構ですよ」というていねいな前置きを入れてから、ストレートに聞くようにしています。

人って本当に面白いもので、こっちが素直になると、相手も不思議と素直になるものなんです。

## 「素直に聞くと、必ず素直に答えてくれる」

そういう成功体験を一つずつ積み重ねていくことが大事なんだと思います。

以前、こんなことがありました。

インタビュー前に「この話はＮＧです」と、聞く内容に制限があるタレントさんも多くいらっしゃいます。

そのときも、ＮＧの内容があるタレントさんと楽しくトークをしていたのですが、話が盛り上がるにつれ、ご本人からＮＧとされる話をペラペラと楽しそうにしてきたのです。

その場にいた番組スタッフもみんなビックリ！　スタジオがざわついたことを覚えています（笑）。

収録後、番組スタッフに「モッチー、さすがだね！」なんて、褒《ほ》めていただいたのですが、私は何にもしていないんです！

私はＮＧとされる話を気がねなくしてくださったことよりも、帰り際にそのタレ

ントさんが

「あ〜、楽しかったー」

と、さりげなく独り言を言ったのを聞いたときのほうが、素直にうれしかったです。

ふだんから、仕事で「今日は満足したなあ」なんて思うことはない私ですが、そのときばかりは、**「今日はいい仕事ができたのかな」**って思えたことを覚えています。

# 24 「オウム返し」と「要約」の効果的な使い方

インタビュアーとしての職業病でもあるのかもしれませんが、私はプライベートでも、リアクションがいいとよくいわれます。

たとえば、相手の話を聞いているとき、大きくうなずく癖があります。

それは「あなたの話を聞いています」ということを伝えたいためのアピールだったのですが、自分がパーソナリティをつとめるラジオ番組のなかで、あまりにも自分が打つ「へー」「ほうほう」などの相槌が気になり、それからというもの、相槌はなるべく打たないように方向転換しました。

では、相槌を打たずに「相手の話を聞いています」ということをどう伝えるか？

それは、「オウム返し」と「要約」を会話のなかに入れることがもっとも効果的だと思います。

「オウム返し」とは、鳥のオウムのように相手の言葉を繰り返すこと。

相手に話を聞いているという安心感を与えて、スムーズに会話を進めることができる最もポピュラーなテクニックです。

たとえば、**相手が「今日は寒かったですね」と言ったら、「本当に寒かったですね」というように答えます。**

相手の言葉に同調することは、相手との距離をぐっと縮める効果があります。

オウム返しを使いつつ、会話の途中に「要約」を入れます。

「要約」とは、相手の話した内容をいったん会話のなかでまとめて伝えること。

たとえば、会話をするなかで相手からこんな言葉があったとします。

「今日は寒かった」

「風邪《かぜ》をひいた」

「熱が出た」

「病院に行った」

「2日も熱が下《さ》がらなかった」

「ようやく3日目に熱がひいた」

そこで、このように要約します。

**「寒かったせいで風邪をひかれたとは大変でしたね。病院も今の時期、混みますよね。とにかく3日で熱が下がってよかったですね」**

というように、相手の言葉を要約してまとめてあげます。そうすることで、相手に「自分の話をすべて理解してくれている」という安心感を与えることができ、インタビュアーに対しても、「この人は私を理解してくれている人」と信頼を置くようになります。

## 会話はキャッチボールです。

だからこそ、相手が投げ返しやすい球を投げてあげる気づかいが大事です。

そう意識をしていれば、相手がどんな人であれ、会話のキャッチボールを楽しむことができるのです。

相手と楽しく会話をしたいなら、「オウム返し」と「要約」を有効的に使い、相手を気持ちよくすることから始めてみてくださいね！

# 25 話が長い相手に次の話題へ切り替えてもらうには？

私は今まで、大多数の方々にインタビューをさせていただきました。

なかでも、大御所《おおごしょ》の方とお話させていただく場合、

「どんな方なんだろう？」「まったく話してくれなかったらどうしよう……」

なんてドキドキしますし、スタジオ内もスタッフもふだんとは少し違った緊張感に包まれます。


ですが、会話がスタートすると、意外にもフランクに話してくださる方が多いこと！　むしろ、私に対して、逆に気をつかってくださる方が多かったり。

そういう方々って、もともと「生粋《きっすい》のエンターティナー」なんですよね。「大御所」と呼ばれる所以《ゆえん》がわかります。

とくに、作品の番宣でいらした場合、その作品に対しての思いや熱意、物語の背景から裏話まで、長々とお話しくださる方も多いです。

もちろん、そのすべてが興味深い話ですし、番組的にもとてもありがたいこと。

ですが、

**やむを得ず、時間の問題で次の話に切り替えなければならない**

という場合もあります。

そういうときに、どう次の話に切り替えるか？

**相手が気持ちよく話してくださっている途中で、話をぶっ切ることはとても失礼ですよね。**


そういう場合、私はこう切り出します。

「こんな短い時間ですべてを話すなんて無理ですよね〜！　すみません、せっかくなので、あのお話も聞かせていただいていいですか？」

そうすると、相手の話を途中でムリに中断することもなく、相手に「次の話題に移行したいんだな」ということをさりげなく伝えることができます。


先日、こんなことがありました。

ラジオ番組の収録中、話が盛り上がり、なかなか次の質問にいけないという状況になりました。

相手がとても気さくな方だったこともあったので、「じゃあ、その話は、終わったあと、裏でじっくり聞かせてください！」と言ったのです。

ゲストの方も、気持ちよく「あとで絶対話しますからね！」と、笑ってくださり、違う質問をするきっかけを作ることができたのです。


インタビュアーという立場上、自分から投げかけた質問に答えていただいている場合、途中で「はい、その話はもういいです」とは、言えません。

それでも、言いにくいことを伝えなければならない場合は、

言い方ひとつ

で伝わり方がまったく変わります。

あくまで時間がないときの例ですが、**言いたいことを伝えつつ、笑いのセンスをひとつ追加する。**それができたら一番いいですよね。

# 26 相手の話についていけなくなったら、「教えをこう」姿勢をとる

こちらが相槌を打つ間もないくらい、相手の話がバァーと止まらないことってありませんか？

とくに、学者さんやお医者さん、研究者の方など、「自分の知識を伝えたい」という思いが強い方に、その傾向が見られるような気がします。

ですが、自分にとって未知の世界のことを教えてくれるという意味では非常にありがたいこと。

先生と生徒のように、教えをこうというスタンスで話を聞かせていただくようにしています。

それでも、**あまりにも専門的な分野の話になってくると、だんだんと話の内容についていけなくなってくることもしばしば。**

少し話がわからなくなっても、それを隠して「私はすべて理解している」という形で話を聞いているのは、相手にとって申し訳ないことです。

だから私は、わからなくなってきた時点で間髪《かんはつ》を入れず、

「ごめんなさい、それ、ちょっとわからないのですが、もう一度教えていただけますか」

と素直に聞くようにしています。

というのも、以前、こんな失敗をしたことがあったからです。

相手の話が難しくてわからなくなってしまったのですが、

**まるで、すべてわかっているかのように話を聞いてしまっていた**のです。

なぜなら、一生懸命、話してくださっているところに、割り込んで質問することが逆に「申し訳ない」と思っていたからです。

お話をうかがった後、私がひとつ質問をさせていただいたら、なんと、

「それ、さっき言いましたよね」

と言われてしまったのです。

申し訳ないやら情けないやら……、わかったつもりで聞いてしまったことをとても後悔しました。

それからというもの、わからない話をわかったつもりで聞き続けるのはやめようと決めました。

それに、相手にとっても、「その箇所《かしょ》、もう一度くわしく教えてくださいますか？」と言われて、そんなことで怒るような方はいないということもわかりました。

逆に、「きちんと話を聞いてくれているんだな」と思ってくださるようで、イヤな気持ちにはならないようです。むしろ、気持ちよく教えてくださいます。

自分に置き換えてみても、**自分の興味があること、好きなことを相手に伝えたいときに「今のところもう少しくわしく聞かせて」と言われても、ちっとも悪い気持ちはしませんよね。**

相手の話についていけない、内容がわからないという場合は、ぜひ素直に口に出して聞いてみることをおススメします。

# 27 言葉を生かすも殺すも自分しだい

人とのコミュニケーションをはかるのに、会話は必要不可欠です。

**言葉は「人」にだけ与えられたツール。**

それを生かすも殺すも、自分しだいだと思います。

みなさんも生きていくなかで、さまざまな人と会話をしていますよね。友だち、家族をはじめ、上司や部下、先輩や後輩など、話す場所や相手はさまざまですが、誰でも少なからず自身のキャラクターを変えることで、無意識にセルフプロデュースしていると思います。

とくに、初めてお会いする人の場合、相手がどんな人なのかわからないため、最初はていねいに敬語で話をするのは、人としてマナーだといえます。

しかしなかには、**初対面なのに「え？」と思うようなことを言ってきたり、質問**

**したりする方もいますよね。**

私は会ったばかりの人から、ファースト・クエスチョンでプライバシーに関することを突然質問されたことがありました。

人の心にノックもせず、いきなり土足《どそく》で入り込んでこられたような気持ちになり、とても気分が悪くなったことを覚えています。

人にはそれぞれ「聞かれたくない」ことが存在します。それを初対面でいきなり聞かれたら、答えるどころか、相手に対して不信感をもってしまいます。

とくに私は、テレビに出ている人間なので、相手からすると「私を知っているような気持ち」でいてくださるのも事実です。

ですが、実際には「初対面」です。やはりそこは、ある程度の距離があって当然ですよね。

だからといって、相手に「その質問に答えたくないんですけど」とハッキリと言いづらいときもあります。

そういうとき、私はこのように返すことにしています。

**「そんなことを聞いても、何の得にもなりませんよ〜！」**

そう言うと、相手も「答えたくないのかな」と感づいてくれることが多く、それ以上、突っ込んでくることもありません。

確かに、初対面の場合は「相手がどんなことを聞かれたくないか？」「相手の地雷は何なのか？」なんて、わかりませんよね。

それでも、自分が答えたくないことを聞かれたとき、「答えたくない」とハッキリ言ってしまうと、相手を否定することになってしまいます。

相手は、よかれと思って聞いている場合もありますし、また「早く距離を縮めたいから、あえてなれなれしく接する」といった手荒《てあら》なタイプもいます。

また、人は同じことを言われても、それぞれ受け止め方が違います。

「何が正しいか、何が間違っているのか」なんてハッキリとは言えませんが、これだけは言えます。

言葉というのは、相手を喜ばせることも悲しませることもできる、最強の武器だということ。

「口は災《わざわ》いの元」ということわざがあるように、何を伝えるのも言い方ひとつで、簡単に相手を天国にも地獄にも行かせることができてしまうのです。

だったら、**人を喜ばせる武器をもっていたほうがずっといい。**

そうやってつねに意識することで、何かひとつ相手に伝える場合も、あなたが選ぶ言葉が変わってくると思います。

# 28 「会話の糸」を切らないことが大事

**会話のキャッチボールとして、もっとも理想的な形は「相手の答えのなかから次の質問を探す」ということです。**

私のように、仕事上でのインタビューは、相手に質問をしながらもさらに、

**場の空気を楽しむ**

ことを意識しなければなりません。

そのために意識しているのは、

**「会話の糸」を切らない**

ということ。

私が投げかけた質問に対して、相手の言葉を拾い、次の質問へとつなげていく。そうすることで、会話の糸も切れず、スムーズなキャッチボールができると思うのです。

今の若い子たちのなかでは、ＬＩＮＥ《ライン》やツイッターなどで、ポンポンと会話が飛ぶように繰り広げられています。

だからこそ、私の世代のようにアナログ人間よりも若い子たちのほうが「相手の言葉に素早く対応する力」はあるはずだと思っていました。

しかし、若い子たちに話を聞いてみると、

「（携帯などの）画面上ではポンポンと会話ができるけど、Face《フェイス》 to《トゥ》 Face《フェイス》になると、まったく言葉が出てこない」という人が多いこと、多いこと！

最近、ある女子大で講義をさせていただいたのですが、そのなかにも、「顔を見て、直接会話をすることが苦手」と悩んでいる方も多くいました。

その苦手意識はやがて「対人恐怖症」になってしまい、就職活動などにも支障をきたすとか。

最初の章でもお伝えしたように、私は昔から「人と会話する」ことが苦手なタイプでした。

そんな私が、人にインタビューをする仕事を続けられるのは、ただ単に「人と話す場を、人より多く与えられただけ」だと思うのです。

## 会話自体に正解はないんです。

もちろん、反省もしますが、たとえ、自分がふった話で盛り上がらなかったとしても、それはそのネタが悪かっただけ。最初から空気が悪かっただけなのかも。

そうやって、ある意味、めげずに「話すこと」に立ち向かってきた結果、徐々に話すことへの恐怖がなくなっていったのです。

人と会話することに苦手意識をもっている方は、ぜひ怖がらず、会話することに挑戦し続けてほしいと思います。

「楽しいー！　お酒飲みたーい」

ＪＵＪＵ《ジュジュ》さんが「スナックモッチー」で楽しそうにケラケラと笑う顔がとてもかわいらしくて、今でも思い出すだけで幸せな気持ちになります。

もともと私はＪＵＪＵさんの歌が大好き。アーティストとしてのＪＵＪＵさんのファンなだけあって「ふだんはどんな方なのだろう」と、とても興味がありました。

ＪＵＪＵさんとは初対面でしたが、話をしてすぐ「あ、すごく気さくな方だな」とわかりました。

**ＪＵＪＵさんがかもし出すあの独特なオーラが、なんだかとても心地よくて、「やっぱり、いい人だー」と心のなかで叫んだことを覚えています。**

話をすればするほど、「何を話しても受け止めてくれる」ようなあたたかい雰囲気を感じました。

COLUMN　「スナックモッチー」来店のすばらしいお客さま③

# その笑い声をもっと聞いていたい！ こちらが夢中になるチャーミングなJUJUさん

そして私は、個人的な趣味である「占いの話」をダーッとしてしまったのです。

ふだんは、自分の趣味の話はあまりしないように気をつけているのですが、なぜかＪＵＪＵさんには話したくなってしまって……。

しかし、そんなときでもＪＵＪＵさんは、快く聞いてくださったことを覚えています。

そして、ＪＵＪＵさんの魅力を語るうえで忘れてはいけないのがあの笑い方だと思うんです。

笑い方って、その人の印象を決定づける大事なポイントです。

心理学の世界でも、上を向いてガハハと豪快に笑う人はわかりやすいストレートな性格なのだそうですが、それだけでなく、まわりへの気配りができる人でもあるようです。ＪＵＪＵさんはまさにそれに当たる人だと思います。

**笑うということは、自分がただ楽しいから笑うだけ、と思われがち**

**ですが、そうではなく、相手も楽しい気分にさせることができる魔法のようなもの。**

そして人は、自分を笑わせてくれ、いい気分にさせてくれる人を嫌いになることはできないのです。

会話のなかで、どれくらい「笑い」が起こるかも、2人の関係を築くうえで大切な指針になります。

JUJUさんにお会いして、人としての器の大きさ、そして、笑うことでわかり合える心のつながりを改めて知ることができました。

JUJUさんをもっともっと笑わせたい！　という気持ちになってしまった私は、もはやJUJUさんのすべてに魅了されてしまったのです。

CHAPTER 3

# 話す

自分の「ペース」で伝える

# 29

# 「いいね！」はとても危険な言葉？

私は今まで、数々の芸能人の方たちとお話をさせていただきましたが、そのなかで、とても驚いたことがあります。

それは、どんなにきらびやかな世界にいる人でも、自分に絶大な自信をもっている方って、意外と少ないということ。

「イケメン」と呼ばれているような俳優さんや、美人でスタイルもいい女優さんなども、実際にお話をさせていただくと、自分に自信がないとか、コンプレックスがあったりなど。

「今までさんざんモテたでしょ～？」と、もてはやされることも多そうなタイプの人ですら、

## 「コンプレックスだらけですよ〜」

なんて言っていたり。

もちろん謙遜《けんそん》もあるでしょうが、他人が思うほど、自分に自信をもっている方って、そうそういないのかもしれないと驚かされました。

とくに最近は、世代に関係なく、「自分に自信をもてない」というタイプが多いような気がします。私に悩み相談にくる子たちも、「もっと自信、もちなよ！」と思ってしまうことがあります。

そして、そんな若い世代の心理をうまくついたのがフェイスブックやツイッターなどのＳＮＳだと思います。

私生活を他人にさらすことがあまりにも簡単にできてしまう時代に、自分の私生活をさらす目的って、きっと、みんなから「いいね！」と言われたいからじゃないかなと私は思っています。

## 人は誰でも「認められたい」「褒めてほしい」という気持ちをもっています。

そんな「承認欲求」をカンタンに手に入れることができるフェイスブックやツイッターにみんなが「救いを求めた」のではないでしょうか？

そういう時代背景があるからなのか、会話のなかで、やたらと「いいね！」を使う人がいます。

**何を言っても、「いいね！」**
**答えを求めても、「いいね！」**

「いいね」を連呼されてしまうと「本当に（いいね）って、思ってる？」と突っ込みたくなります。

とはいえ、本当に相手に同意することを伝えたい場合は、どうしたらいいと思いますか？

そういう場合、私はこうします。

「○○○なところが、いいですね！」

このように、「いいね」だけでなく、具体的に「どこがいいのか」をプラスして伝えるのです。

たとえば、相手が作ってくれた手料理に対して、おいしいという気持ちを伝えたいとき、

「この味つけ、いいね！」ではなく、

「この味つけ、お正月に実家のコタツでいるみたいに温まるわ、すごくいいね！」

と言うほうが、より相手にイメージをくわしく伝えることができますよね。

それと、お互いが「いいね」だけで会話をしていると、「いいね」の意味がずれていることに気づかずに話が進んでしまう危険性もあります。

相手の「いいね」が、自分の「いいね」のニュアンスと違っていると、のちのち意見の相違が出てきたとき、もめます。

だからこそ、相手に「いいね」と言われたら、

**「具体的にどこがいいと思う？」**

と聞いてみることも大事です。

「いいね」は、とても便利なワードです。言葉を退化させないためにも、「いいね」の先にある意味を考えることが大事だと思います。

# 30 「個人ネタ」はひとまず封印する

初対面の方と話すときでも、古い友だちと話すときでも、**開口一番の会話に「個人ネタ」をもってくるのは、なるべく避ける**ようにしています。

というのも、**相手が自分と同じようにそのネタに興味があるか、わからないからです。**

以前、「スナックモッチー」でこんなことがありました。

ゲストの方に対して、ごあいさつのあとすぐに、私の大好きな占いの話をダーッとしてしまったのです。

たまたま占いに行ってきたばかりだったことや、同世代ということもあり、思わず自分の話を勢いよくしてしまったのです。

その方は「おもしろーい！　本当のスナックにいるみたい！　お酒ちょうだい♪」なんて言いながら、快《こころよ》く聞いてくださったのですが……、あとあと、非常に反省しました。

「占いにまったく興味がない方もいるはずなのに、それを確認もせず、あんなに勢いよく話さなくてもよかったのに……」と。

それ以降、会話の始めに個人的な趣味の話をもってくるのはひとまずやめておこうと決めました。

確かに、相手が知らない（または興味がない）個人ネタもたくさんあります。それを、あたかも「相手も興味をもっている」「知っている」という思い込みで話してしまうのは、相手にとって失礼にあたります。

会話のなかで、自然とそのネタが出てきた場合であればいいのですが、あえて自分から話す内容ではないのかもしれません。

# 31

# 男女も世代も越え、あらゆる人と会話してみる

私は仕事上、自分と何の共通点も接点もないような方とお話をすることが多いのですが、そういう人たちと話すことは緊張しますが、それ以上に刺激的です。

自分の知らなかったこと、興味すらなかったこと、そういうことを教えていただけるのは「知識を得る」だけでなく、自分の引き出しを増やすことにつながります。

また、そういう方たちとお話をする場合、相手と共通する何か（たとえば、映画など）を観た場合も、自分とはまったく違う感想が返ってくることがあります。

私とは違う視点、私にはなかった考え方などを知ることができ、非常に勉強になります。そして、その相手の考え方に引っ張られる場合もあります。

話すときは自分のペースを崩さないように意識している私ですが、あまりにも相手の話に魅《ひ》かれてしまった場合、素直に相手のチューナーに自分のチューナーを合わせ、会話をするようにしています。

それは単に「相手に話を合わせる」ということではありません。

「相手の話を受け入れる」という感覚でしょうか、そうすることで、

## 「その人仕様の自分」が生まれている

のです。

「相手によって自分を変える？」なんて、思う方もいるかもしれませんが、それは悪い意味ではなく、「ふだんとは違った自分」が生まれた瞬間であり、自分を越えた瞬間であると私は思います。

みなさんも、相手によって、また会話の内容によって、自分の見せ方を変えるということを無意識にしていませんか？

それは、ある意味、

## 「自分という枠」を超えた証《あかし》

だと思います。

**「自分を変えたい、自分を越えたい」と思っているのなら、まずはいろいろな世代の人といろいろな会話をすること。**

さまざまな考え方、切り口をもつことで、新しい自分を見つけるきっかけになるはずです。

32

# 難しい言葉はあえて使わない

テレビやラジオのなかで、難しい内容の説明をしなくてはならないとき、難しい言葉をそのまま使うほうがいいか、または、やさしくかみ砕《くだ》いて使うほうがいいか。

たとえば、映画の解説をするにも、100人いたら100通りの回答になるでしょう。一言一句、同じ言葉で説明する人はいませんよね。

自分のセンスや知識を問われる意味もあり、だからこそ、どんな言葉をチョイスしたらよいか、迷っていました。

そんなころ、テレビのなかであるタレントさんがやたら難しい単語を使ったりするのを見かけました。「知的な人なんだな」と素直に感心したものです。

そういうことに触発され、私ももっと勉強しなきゃいけない！と奮《ふる》い立たされま

した。

その後、外国語を学んだり、わからない言葉があったらすぐメモし、辞書で調べるなどしながら、自分なりに学ぶことが習慣化されました。

しかし、以前、鴻上尚史《こうかみしょうじ》さんとラジオでご一緒したときに、こんなことをおっしゃっていたのです。

**「難しい言葉を使うのは自己満足でしかない。難しい言葉を使われたら、聞いている人は耳を閉《と》ざしてしまうよ。やわらかい言葉で、わかりやすく伝えることが一番いい」**

それを聞いたとき、私はハッと気づきました。

確かに、難しい言葉を使うことで、本来の目的である「相手に伝える」ということの妨《さまた》げになってしまうことがあるのではないかと。

少なからず誰でも、自分の知識を自慢したいという気持ちをもっています。

ですが、そう思われて、つい難しい言葉を使って話したのでは、本当に言いたいことが相手に伝わっていないという場合が多いのです。

何を説明するにも、何を話すにしても、相手にわかりやすい言葉を伝える。それが会話するうえでの基本であり、マナーであると思います。

もちろん、ボキャブラリーが豊富なほうがいいですが、まずは誠意をもって話すことが一番大切ですよね。

鴻上さんのお話を聞き、自信をもって

**「等身大でいいんだ」**

と思えるようになりました。

# 33
# 3分間に一度、「知識」「共感」「笑い」を入れる

ラジオの仕事をするうえで、一番意識しているのは、「3分間に一度、共感・知識・笑い」を入れるということです。

これは、ラジオのプロデューサーさんから教えていただいたことなのですが、はじめて聞いたときは、

**「え！　そんなこと私にできるのかな？」**

と不安に思いました。

ですが、私は幼いころから「ボケてツッコむ」ことが普通に根づいており、普通に会話をするなかで、意外とこの3つが自然と組み込まれていることに気づいたのです。

たとえば、ハロウィンの時期なら、

**「もうすぐハロウィンですね」**（共感）

**「最近ハロウィンは、バレンタインよりも経済効果が上がっているそうです。ハロウィンって、子どもたちが魔女やおばけに仮装して、近くの家を訪れ、お菓子をもらったりするんですよね」**（知識）

**「うちの母もよく派手な格好をして、飴《あめ》ちゃんを配《くば》ってますけど、あれもハロウィンかな？」**（笑い）

と、爆笑してもらえるかどうかはわかりませんが、オチを作るということは、会話のスパイスにもなりますし、自分のパーソナルな部分を加えることで、より会話の幅が広がります。

よく見かけるのが「共感」があったあとに、「知識」そして「知識」となってしまうパターンです。

たとえば、ワイン好きという共通点があったうえで、一緒にワインを飲みに行ったとき、自分の知っているワインの知識を語り続けてしまうのはこのタイプです。

**人は、３分間以上、「知識」だけを話されてしまうと、嫌悪感を抱くようになります。**

たとえば私が、ワインを飲みに行き、ワインの知識をずっと話されていたとしたら、「この人、私と会話する気がないんだわ」と、思ってしまいます。自分の知識を話したいだけなら、私じゃなくて、誰でもいいのでは？ と思ってしまいますよね。

フリートークの場で知識をさらけ出すのは、ほどほどにしましょう。

# 34

## 叱るときはピンポイントでする

私は、プライベートでも仕事でも、人を

**「叱る」**

ということをあまりしたことがありません。

叱るというと、なんだか上から目線な感じがしますし、叱っている人を見ているのもなんだか気持ちがいいことではないです。

ですが、どうしても言わなくてはいけないという状況であれば、そのことだけを「ピンポイントで伝える」ことにしています。

以前、『ズムサタ』のＡＤさんが、見えない位置からカンペを出していたんです。

どう考えたって見えない位置ですし、本番中ということもあったので、CMに入《はい》ったとき、こう言いました。

「どうやったって、そこからじゃ見えない!! 私、目が離れているけど、さすがにそこまでは見えないよ!」と。

スタジオは爆笑していましたが、となりにいた宮本和知《かずとも》さんが、そのADさんに向かって、

「あのね、これでもモッチー、すっごい怒ってるほうだからね!」とフォローをいれてくれました。

宮本さんからしたら、私が人に対してそのような発言すること自体、めずらしかったようです。

私の気持ちを瞬時に悟り、代弁して言ってくださったようです。

そんな宮本さんの気持ちとは裏腹に、そのADさんは

「そうっすね」とひと言。

心のなかで「謝《あやま》って〜」って思いましたけど（笑）、それ以上、何かを口にするのはやめました。

人は誰かに「叱りたい」「こう言ってやりたい」と思ったとき、ダイレクトに言うことに気が引けます。

だから、わざと遠まわしに言ったり、逆に、言わなくていいことまでつい言ってしまったり。

まわりくどく説明したり、余計な話まで言ってしまううちに、本当は何が言いたかったのかすら、忘れてしまうなんて人も多いかもしれません。

それでは、叱られたほうも、

**「結局、あの人は何が言いたかったんだろう」**

と思ってしまいますし、ただ「叱られた」ということだけが頭に残り、きちんと理解されないということにもなりかねませんよね。

ですから、人に叱りたいと思ったら、そのことだけをピンポイントで伝えましょう。

そうすれば、内容が明確ですし、相手にもダイレクトに伝わります。

そして、**言ったあとは、すぐ忘れること。**それができれば、お互いあと腐れなく、今まで通りの関係に戻ることができます。

# 35

# 「否定」も「肯定」もしない フラットな自分でいる

誰かと会話をしているとき、自分が言ったことに対して、**「でもさ〜」とか「いやいや、それは〜」という逆接の接続詞を使われたら、どう思いますか？**

それが1、2回ならまだいいですが、やたら頻繁に使う人って、たまにいますよね。言われたほうはもちろん「自分の意見を否定された」と思い、イヤな気持ちになります。

言ったほうはというと、「そんなこと、言ったことすら記憶にない」という人がほとんどのようです。

相手の発言に対して、ダイレクトにそれを否定するような発言をすることは避け

**たほうが賢明です。**

たとえ、相手の意見と自分の意見が違っていても、です。

なぜなら、「会話をする」ということは、少なからず自分に対して共感や同情を求めていることが多いからです。

「否定される覚悟で発言する」なんてことはそうそうありません。だったら、たとえどんな相手であれ、「それは違うな」と思っても、はっきりと否定はしないほうがいいと思います。

それに、そもそも相手の意見が１００％間違っているのかどうかは、実際のところ、よくわかりませんよね？

自分と相手の意見が合わないと感じたら、

**「そんな考え方もあるのか」**

と思うようにすれば、イライラすることもありませんし、否定したいと思う気持ちにもなりません。

一方、自分が言ったことに対して、「わかる、わかる！」とやたら同調してくる人もいますよね。

そういう場合も同じで、「この人、意外とわかってないんだろうな」と、思われてしまうこともあります。

否定することがよくないからといって、すべてを肯定することもよいことだとは思えません。

相手に同情したいのなら、なるべく具体的に、自分なりの言葉で答えるようにしましょう。

相手を強く否定することも、強く肯定することもしない「いつもフラットな自分」でいられるよう、心がけたいものですね。

# 36
# 「怒り」の感情が起こったとき、こう考えてみる

人には「喜《き》怒《ど》哀《あい》楽《らく》」という感情があります。

そのなかでも、**唯一、自分でコントロールできるのが「怒」という感情だと思っています。**

「怒」というのは、何か異なる感情があって、そのうえにある感情をぶつけることが「怒」になるわけです。

たとえば、

「(仕事で認められないから)怒る」

「(相手を好きなのにわかってもらえないから)怒る」

このように、

**「自分はこうしたいのに、そうならない」**

という気持ちが「怒る」につながるのです。

人は誰でも「こうあるべき」という自分なりの領域をもっています。
怒る感情の理由は「自分の領域（許容範囲）を超えた」ことから発生するといえます。

しかし、ここでいう「自分の許容範囲」とはいったい何なのか、そして、それは正しいのか、ということを考えたことはありますか？

つまり、自分が「悪いこと」だと思っていることが、相手にとっては「いいこと」の場合もあるように、許容範囲も人それぞれ違います。

人と会話をするとき、または、コミュニケーションをとるとき、許容範囲がまったく同じだという人はいません。

だったら、その許容範囲のズレを理由に、相手に対して怒るというのは間違っていると思います。

以前、ある本で読んだのですが、怒りというのは「感情のフタ」であり、そのフタを開けるか閉めるかは、自分の感情をコントロールできるかできないかの違いです。

だとすれば、怒るよりも前に「感情」のほうに焦点をあてるようにすれば、人に対しての怒りの感情は必ずコントロールできます。

「今まで自分はこう思っていたけど、違ったのかな?」とか「確かに相手の言ったことに一理あるかも」と、素直に思うことができれば、自分の許容範囲も広くなっていきます。

感情のフタが開けっ放しにならないよう、自分できちんと閉める習慣をつけたいものですね。

# 37

## 会話の「輪」にうまく入ることができないとき、どうするか

数人で会話するとき、「どうしてもうまくみんなの話のなかに入れない」と悩んでいる人も多いようです。

仕事場や学校、友だち関係とのつき合いなど、大勢の人と会話をする場面が多いため、

**会話の「輪」に入ることができない**

と、精神的にもキツイですよね。

数人集まれば、キャラクターもさまざま。会話の中心にいる人もいれば、聞き役に徹する人、盛り上げ役の人など、それぞれですが、自分の意見を言わずにはいられないタイプの人たちが集まると、激しいトークバトルが繰り広げられることもあ

ります。

そんななかで、**自分の居場所を見つけられず、黙り込んでしまうタイプは必ずいます。**

激しいトークバトルが繰り広げられるなか、自分の意見を言う余地を見いだすことは難しいですが、何も言わず、黙って聞いているだけだと、それはそれで場をしらけさせてしまう原因にされてしまうこともあります。

そういう場合は、どのようにふるまえばよいと思いますか？

私が数人で話す場合、どんな立ち位置なのかを考えてみました。

私は、会話の中心にいることも、盛り上げ役でもないと思います。かといって、聞き役かと言われたら、そうでもないようですが、どちらかと言えば、みんなの話を聞いていることのほうが多いような気はします。

しかし、なかなか会話に入っていけない場合は、「誰かに質問をする」ことが一番の策ではないかと思います。

たとえば、みんなで盛り上がっているとします。

その状況で自分の話をしようとすると構えてしまいますよね。

そういうときは、

**「それ、どういう意味？」**

**「それで、どうなったの？」**

というように、まずは話している人へ質問するようにします。そのあと、

「～さんはどう思う？」と誰かに話をふるのもいいと思います。

人に（話を）ふるだけで、自分の声を聞かせることができますし、何より、

## 一体感が生まれます。

大勢とする会話が苦手な人は、まず質問をし、誰かに話をふってみる。誰かに話をふるときは、自分にふられたことを想定し、自分の意見もちゃんと言えるようにしておきましょう。

その流れでしたら、無理に自分から話を考えなくてもいいですし、簡単にできます。ぜひ、試してみてください。

# 38

# 初対面の人に対して、むやみにもち上げない

映画のプロモーションなど、番宣がメインでインタビューさせていただくことも多いのですが、そういった場合は事前にその映画はきちんと観ておくようにしています。

その映画がとてもいい映画で、感動したりすると、そのゲストがいらしたときに、「あの映画、観ましたよ！　すごく感動しました」ということを真っ先に伝えたくなります。

しかし、その感情はグッとこらえます。

なぜなら、**初対面なのに、相手に対してむやみにもち上げることがいいことだとは限らないからです。**

相手がどんな熱意でこの映画に取り組み、どんな気持ちをもってプロモーション

したいのか、そして、どんな思いでこの番組に来てくださっているのか、それは、これからお話をしてみないとわからないことです。

それなのに、「映画、すばらしかったです！　感動しました！」と言っても、

**「おまえに何がわかるんだ！　何も知らないくせに」**

と思われてしまう可能性もあります。

ですから、相手がどんな思いなのか、ある程度把握してから、自分の言葉で映画に関しての感想を述べるという流れを意識しているのです。

それと同じように、テレビのなかではイジラレキャラの方でも、初対面でいきなり「イジる」ということはしません。

画面を通して伝わる相手のイメージと、一対一で話す場合のイメージがかけ離れているというゲストもいらっしゃいます。

とくに「スナックモッチー」では、あえて「抜け感」を出して、リラックスして

いるように演出してくださるゲストもいらっしゃいます。

ですから、相手がどんな演出でお話してくださるのか、話してみないとわからないことがあります。

そのため、**相手の雰囲気を察し、そのうえで会話を進めることが、相手とのよい会話を生むポイントになってくるのです。**

なので、画面を通して見た相手のキャラクターを知っているからといって、そのキャラに合わせて会話を進めようとはしません。


タレントさんでなく一般の方であっても、大勢で話すときと一対一で会話をする場合では、雰囲気が違う人っていますよね。

それと同じように、相手のふだんのキャラクターを１００％信じないことです。

それがいい会話を生み、いいコミュニケーションにつながるのではないでしょうか。

# 39

# 話が行き詰まってしまったとき、どうリードするか

どんなに仲がいい友だちでも2~3日、生活をともにすれば、話が行き詰まってくるなんてこともありますよね?

私自身も、ロケなどで、同じゲスト、同じスタッフで数日過ごす場合、やはりどうしても話が行き詰まってしまうシーンはあります。

以前、ある女性タレントさんとロケに行ったのですが、その方はあまり話し上手な方ではありませんでした。

私が質問することに対して、

**「そうなんですよね」**

で終わってしまう。

何度もこちらからいろいろな質問を投げかけるのですが、ひと言で終了してしまい、会話のキャッチボールにならないということがありました。

そのときの状況は、まちがいなく「話が行き詰まっていた」と思います。いや、行き詰まる以前の問題かもしれませんが……。

しかし、その方は私と「会話をしたくない」わけではなく、相手が話すことに慣れていないだけのことです。

あまり私自身を責めず、もちろん相手のせいにすることもなく、ただただ質問を投げていくという作業に徹したことを覚えています。

昔、プライベートでこんなことがありました。

男の人と2人で食事に行ったのですが、私がいくら質問を投げかけても、まったく会話が続かなかったのです。

たとえば、

**「友だちでこんな子がいてさ〜、こんなことがあってね……」と話しても、「それって、変わった友だちだね、友だち、やめれば」のひと言で終了。**

質問を投げ続けるって意外としんどくて、せっかくのコース料理もまったく味わうことができませんでした。

仕事であれば、そのしんどさも「仕事」のうちなので頑張りますが、プレイベートとなれば、話は別。

シーンとしても放送事故にはなりませんし、リスナーがいるわけでもありませんが、やはり一問一答だとツライものがあります。

「自然体でいいんじゃない？」と思う人もいらっしゃるかもしれませんが、私は無理でしたね。そして、もちろんその男の人とはその後、何の進展もなく、終了しました（笑）。

プライベートにおいて大切なのは、同じペースで自然に会話が流れることだと思います。

どちらかが聞き役で、どちらかが話す役でもいいと思います。偏《かたよ》っていてもいいですが、自分にとって気持ちいい会話のペースって、ありませんか？

パートナーを見つけるとき、その「気持ちいい」を探すというのも加えてみては、いかがでしょうか。

# 40

# 言いすぎたと思ったときは、間髪入れずに即フォローする

同じ言葉でも、相手のとらえ方によって、その受け取られ方はさまざまです。そのため、思いがけない言葉が相手を傷つけてしまった、なんてこともありますよね。相手の気持ちをすべて理解することは不可能なため、不本意に相手を傷つけてしまうことも多々あります。

もし、自分が言った言葉で相手を傷つけてしまった場合、あなたなら、どうしますか？

相手のリアクションや表情で「傷つけてしまった」と気づいた場合は、「今、キツイ言い方をしちゃってごめんね！」とすぐに謝《あやま》ればいいのですが、それができなくても、気づいた時点ですぐ謝ることがベターだと思います。

思い悩んだ末、相手が忘れたころに、

**「この前、あんなこと言っちゃってごめんね」**

と言う人もいますが、相手も改めてそのことを思い出してしまいますし、また、忘れたことを思い出すと、逆に記憶に強く刻《きざ》まれてしまいます。

2人の関係を築くうえでも、「気づいた時点で即フォロー」は重要なポイントになってくると思います。

人はなかなか本心を見せないことが多いものです。**たとえ傷ついても、それを知られないよう明るくふるまってしまう人もいるでしょう。だからこそ、言葉は慎重に選ばなくてはなりません。**

自分の発言が誰かを傷つけていないか、あらためて見つめ直してみては、いかがでしょうか。

# 41

## 声にも「表情」が出せる

この世の中に自分とまったく同じ顔の人がいないように、声も千差万別です。

そして、声はその人を印象づけるうえで重要な役割をしているので、相手に何かを伝える場合、

**声のトーンを変えることも大切です。**

**人は、会話をしようとしたとき、まず、話の内容にかかわらず、相手の声のトーンに敏感に反応します。**

たとえば、会社の上司が言う「おつかれさま」をひとつとっても、

（低い声で）「おつかれさま」→　疲れているのかしら？

（高い声で）「おつかれさま」→　いいことがあったのかしら？

このように、直感的に相手の心情やコンディションを判断することができるものです。

あるアナウンサーが以前、こんなことをおっしゃっていました。

「バラエティに出るときは、少し高めの声で明るさや清潔さを伝える。ニュースを読むときは、少し低めの声で、冷静さや安心感を伝える」と。

確かに、伝えたい内容によって声のトーンを変えることで、相手への伝わり方、印象がガラリを変わりますよね。

私も、**大勢の前で話す場では、ふだんより声は高めにハキハキと話すことを意識しています。また、大事なことを話したいときは、あえて間をあけ、声のトーンを少し低めに、ややゆっくりと話すようにしています。**

そのように、声の表情を意識することが、円滑なコミュニケーションをとる後押しをしてくれると思います。

COLUMN 「スナックモッチー」来店のすばらしいお客さま④

# 人を楽しませることを極めたトーク力！　ムロツヨシさん

「モッチーママのこと、ウィキペディアで調べてきたんですよ！」

と言われたとき、

「あ〜、この人は間違いなく心を開いてくださってる！」と確信したのを覚えています。

**私が何を聞いても、何を言っても、そこから必ず笑いを生み出してくれるあのトーク力。**

それでいて、最初から最後まで、テンションは上がりっぱなし。お腹《なか》を抱《かか》えて笑わせていただいたことを覚えています。

ムロさんは、俳優だけでなく演出家でもいらっしゃいます。そういったこともあり、演じる側と演じさせる側の両方の立場をわかっていらっしゃるんだろうなと思うんです。

**人が「楽しい」と感じること、そして「楽しませたい」と思うこと。**

**その両方の気持ちをわかっていらっしゃるからこそ、たとえどんなに**

**短い時間でも「相手を楽しませる術」を極めているんだなと思います。**

それと、ムロさんは「偉《えら》ぶらない人」だったことも、とても印象に残っていますね。

ムロさんが、あるスナックのママさんに「あんた、本当に俳優なの？　テレビで見たこと一度もない」と言われたそうです。

そういう話をおおやけにしてくださるのも、彼の人柄というか、偉ぶらなさが表れていますよね。

あれだけ人気者なのに、普通だったら、「オレのこと知らないのかよ」なんて思ってしまってもいいはずなのに、そこで「オレもまだまだだな〜」と言えることも彼のよさだと思います。

ほかにもたくさん面白い話をどんどんしてくださり、身ぶり手ぶりで場を盛り上げてくれたムロさん。

ムロさんが作り出す笑いは、単に面白い話だけじゃなく、相手を気持ちよくする不思議な力をもっているような気がします。

# CHAPTER 4

# 距離を詰める

## 相手との「あいだ」を縮める

# 42

# 友だちから学んだ フラットな距離感とは？

人との距離感って、難しいですよね。たとえば、こっちが近づきたいと思っても、相手は少し距離があったほうが心地いいなど、人によって相手との気持ちの距離感は違う気がしています。

あるとき、友人と一緒に4人でゴルフに行ったのですが、友だちが連《つ》れてきた女友だちが、とても

## フラットな距離感

だったんです。

**そんなに自分を主張するでもなく、よそよそしく突っ張る感じでもない。でも、笑うとすごく人なつっこい感じでチャーミングながらも、どこか一線を引いている**

**ような凛《りん》とした感じがありました。**

そのとき、彼女とは初対面でしたが、会話をしていても、すごく距離感がいい心地だな、と。

私と彼女が意気投合しているのを、彼女を連れてきた友人から、

「ふたり、なんだか似てるね」

と言われて、改めて思うと、彼女と私は「人との距離感」が似ているのかもしれない、と気づきました。

私自身は、これまでの章でも書いてきたように、プロのアナウンサーとして会話で人の心を開きたいですし、自分自身も「目指せ、機嫌のいい女」をモットーでいきたいと思っています。

でもその一方で、相手とは節度のある関係を保ちたいという気持ちもあるのです。「腹八分目」が健康にもいいように、人間関係も「つかず離れず」の関係が、じつは一番良好な状態だと思っています。

その根底には、前の章でも述べたような「人間同士はすべてはわかり合えないも

の」という思いがあるからかもしれません。

よくラジオ番組での私のトークを聞いてくれた人から、

**「モッチーさん、隠さずなんでも話しますよね～」**

と言われたりしますが、自分としては気心の知れた友人たちと盛り上がってしゃべるイメージなんですよね。

事務所の後輩からも、

「家にいるような気楽な感じでしゃべれ、って言われたんですけど、どうしたらモッチーさんみたいに素《す》でしゃべれるようになりますか？」

と相談を受けたんですが、私は決して家での素の自分は見せてはいません。あくまでも仲のよい友人たちと会話しているテンションでは話していますが、どんなシチュエーションであっても、「人前で話している」という一線は保ちたいと思っています。

よく勘違いされがちなのですが、「家での素の自分」を出すイメージで話すと、少し下品な感じになるんですよね。たとえば、くたくたのトレーナーを着てお腹《なか》をかきながらしゃべっているような（笑）。

というよりは、気持ちはオープンにしつつも、どこか品よく、お行儀よくというのが私のスタンスです。

それが相手とのほどよい距離感にもつながるのだと思います。

打ち解けながらも、相手への礼儀や節度は保つ。そんなフラット感が心地いい関係をキープする秘訣だと思っています。

# 43

# 相手に好き・嫌いのレッテルを貼らない

フラットな距離感を保つために心がけているのは、相手を先入観で決めつけたり、「好き・嫌い」というレッテルを貼らない、ということです。

とくに仕事で出会う人に関しては、いちいち、

**「この人は好き。でも、この人は苦手」**

と決めてしまうと、相手によってこちらも距離感が変わってきてしまうので、ややこしくなるんですよね。

みんな人の距離を縮めようとか、なんとかわかり合おうって頑張りすぎちゃってる気がします。

無理に入り込もうとすると疲れてしまうので、やはり一定の距離を保つほうが、

結果的には「好き・嫌い」に縛られずに、いろんな人がいても許せるんじゃないでしょうか。

一定の距離を保つからお互い、いい意味で自由でいられるし、それが結果的には包容力にもつながっていくような気がしています。

頑張ってパーソナルスペースに入ろうとするのも、入ってこられるのもしんどいときって、ありますよね？

その点、**ちゃんと距離を保っているほうが、お互い気持ち的に平和なんです。**

距離が近すぎると、お互いの言動に疑心暗鬼になって、

「今はいいこと言ってるけど、裏では悪口言ってるかも」

と余計な詮索《せんさく》をしてしまうケースはよくありがち。

女性同士のつき合いも、仲よくなると、どうしても距離が近すぎちゃうので、向こうはよかれと思ってきつい言葉を言っても、言われたこっちはすごく傷つく。

そんな経験してきたので、楽しく会話しながらも、あまり深入りせずに余計な詮索をしない距離感が自分にとっては一番、心地いいなと感じるようになりましたね。

たとえば、バレーボールって、相手からボールがきたら打ち返すのがルールですよね。会話もすべてのボールをキャッチして、それを全部自分のなかで抱え込む必要はないと思います。

今では、

## 来たボールはきちんとお返しします

というスタンスです（笑）。自分で受け止めすぎると疲れてしまうので。

会話って、人間関係の距離にすごく影響しますよね。

相手とわかり合えない、というのは、もしかしたら、相手との距離が近すぎるのかも!?

いい意味で、相手の全体を見ることができる距離に自分を置くほうが、スムーズに会話ができたり、許せたりできるのかもしれません。

# 44

# 敬語を崩すのは、驚いたり、独り言のように話すときだけでいい

先日、「スナックモッチー」に来てくださったタレントさんのファンの方から、「いつもモッチーさんは、敬語できちんと接してくださって、ありがとうございます」と、『ズムサタ』の番組あてにメッセージが届いたんです。

基本、私は仕事上でお話する際は、**相手が年下でもあまりくだけすぎないように**、敬語で話すようにしています。

相手が敬語を使わず、フランクに話してきても、自分は敬語は崩さず話していますね。

先日、若い2人のゲストに来ていただいたときも、2人はずっと友だちのように話していましたが、私は敬語でトークをしていました。

でも、話の流れのなかで、敬語を崩す瞬間はあります。それは、相手の言葉に驚いたときですね。

**「えー、ホントに？」**

**「なんで？」**

などの感嘆語の場合は、敬語は使わないことが多いですね。やはり一番、感情をのせられる表現なので、意図していなくても自然に、くだけた言葉になることが多いのかもしれません。

でも、そのあと必ず、

**「えー、ホントに？　本当ですか？」とか、**

**「見て見て見て！　見てください」**

って、最初は感情のままの表現をしたあとで、敬語で言い直すケースが多いですね。これも無意識ですけれど。そうやって、**感情をタメ語で崩して表現しながらも、**

敬語でも言い直すことで、会話を敬語モードに切り替えています。

あと、私がよくやるパターンは、会話の中で「1人突っ込み」を入れるときは敬語なしでしゃべっています。

具体的にどういうことかというと、「スナックモッチー」とかで年上の役者さんが、とぼけて何かを言ったときに、面と向かって、「なんでやねん！」とは突っ込めないので、1人突っ込みのように、顔を相手からそむけて、

「よく言うわ、そんなん」

って。

あくまでも相手に向けた言葉ではなく、自分のなかで言ってますふうに、タメ語や関西弁を使うことはありますね。

または、1人突っ込みで、

「それはちょっと言いすぎやろ」

と心の声をつぶやくように言ったあとに、相手には、

「言いすぎだと思います！」

って、そこは敬語で言うパターンもあります。


とくに関西弁って、聞きなれない人にとっては、「よく言うわ！」とか言うと、きつく感じる人もいるので。

やはり、メリハリはつけながら、1人突っ込みの要領が一番バランスがいい気がします。

基本、私は関西人なんで、どこかに「突っ込みたい願望」があるのかもしれませんね。

練習は必要かもしれませんが、自分の感情を上手に出しながらも、きちんと敬語で会話をする方法として、ぜひ試してみてくださいね。

# 45

# 相手との心地いい会話は笑いをとるよりも「ゆるませる」

距離を保ちながらも自分らしさを発揮する会話術をお伝えしたところで、結局、

**私が目指す理想の会話って、なんだろう?**

と考えたときに、最後には相手に「ゆるんでほしい」というのがありますね。

最初は緊張する場面があっても、会話の最後には自分もラクになるくらい、

**ゆるむ感じ**

のほうが、会話の場は楽しいんじゃないかなって。

人と会って会話をするって、そんなに大そうなことじゃないですよね。別に空の上から誰かが見張っていて、

「あ、あかんな、アイツ」

って、点数をつけられているわけでもないですし、正解がないことをいちいち悩んでいても仕方がないな、と思います。

仕事の場ではゆるむって状況が難しいかもしれないですが、会議やプレゼン、営業の現場にしてみても、うまくいく会話の流れにはやっぱり緩急《かんきゅう》があると思います。

第1章の「場の作り方」でもお伝えしましたが、真面目に語る場面と、冗談を言ったりしてゆるむ場面があるから、いいアイデアが浮かんだり、前向きに検討できたり、問題解決のヒントが見いだせたりするんじゃないでしょうか。

**緊張と緩和のある現場って、居心地のよさだけでなく、相手の思わぬ本音を引き出せたりするんですよ。**

なぜそう思うのかというと、「スナックモッチー」でも、20分くらいの本番の収録がいい感じで進むと、最後に、

「はい、ＯＫです」

と収録が終わったとたん、ゲストの方がいい意味でゆるんで、とてもいい表情をされたり、本音をポロッとこぼしてくれたりすることが多いんです。

本来、気がゆるむって言葉はあまりいい意味には使われませんが、気持ちがゆるむからこそ、自分の心のガードがとれて、素の部分が垣間《かいま》見られたりするのかもしれませんね。

私の知人の記者さんは、最後にゆるんだときに本音を聞き出すために、あえて一番聞きたいことは最後に質問するそうです。

**「今日の取材はここで終わります。ありがとうございました」**

と、いったん締めておいてから、

**「あの件ですけど、本当はどうなんですか？」**

と、相手の気持ちがゆるんだすきに本音を聞き出す技を使うそうです。

あんまり一般的ではないですけど（笑）、ただ笑って盛り上がる現場より、じつは得るものがあるのかもしれません。

# 46

# 人との距離に悩んだら、「吸収しよう」とするスタンスをとる

距離のとり方で悩む根本は、みんなから好かれようとか、誰にも嫌われたくない、という気持ちが強いからだと思います。

私も、もともと

**「いい子ちゃん気質」**

があったので、そういう気持ちはよくわかります。

でも話すことを生業《なりわい》にすると、**しゃべればしゃべるほど、好かれようとか嫌われたらいやだ、というのは、気にすると、きりがないことに気づきました。**

相手と話してわかるのは、「合わないから嫌われる」ではなく、「ただ相手との違いがわかるだけ」なのです。

この仕事を20年やってきて、ようやく、

「別に、人と意見や考えが違っていてもいいんだ」

という境地です。そこは大きかったですね。

私が話すこと、伝えること、感じたことをすべての人に共感してもらうのは難しいですし、否定されることを怖がらない自分になれたのは、大きな成長だと思っています。


「スナックモッチー」のナレーションを担当してくださっている、羽佐間道夫《はざまみちお》さんという方がいらっしゃいます。もうお歳は70歳を疾《と》うに過ぎているのですが、ものすごくお若いんですよね。

羽佐間さんとお話させていただいたときに、すごく印象に残っている言葉があって、

「若い人の意見は受け入れるようにしている。だって、吸収したほうが若くいられるから」

って。さすがだな、と思いました。ただ受け入れるのではなくて、自分も若くい

るために吸収する姿勢ってすてきですよね。

そのお話を聞いたとき、私も羽佐間さんのようなスタンスでいたいな、と思ったんですよね。


**周囲の人たちを否定しないで、なんでも吸収しようと思えば、苦手な人とか、人との距離感で悩む必要はないと思いました。**

つい相手との会話で、

「何でこんなこと、言うんだろう」

と、違和感を感じるのではなく、

**「こういう考え方もあるんだ、吸収、吸収」**

って（笑）。

人からの言葉って、一番簡単で身近に得られる「学習」ですよね。ただちょっと会話するだけでも、若い子たちの感覚から、年上の方々の蓄積した部分まで得られるのは、とてもラッキーなこと。

そう思うと、自分と合う・合わないって観点だけで否定していたら、もったいないです。

もう一人、仲のよい放送作家の女性がいるのですが、年齢は私より10歳近く上なんですが、その方もすごく若々しくてすてきなんです。

あるとき、

「どうしてそんなに若くいられるんですか？」

と、聞いたら、

**「若い子の隣《となり》に行って、スーッと若いエキスを吸うのよ」**

って（笑）。

「本当にやっているんですか？　もしかして私にも？」

と聞いたら、彼女は笑いながら、

「やってるに決まってるでしょ！　モッチーの隣に座って、横から吸ってたよ」

と言われたときは、転《ころ》げ落ちそうになりましたけどね。

でも、そのことを聞いてから、冗談が通じる若いスタッフには、

「あー、若いっていいねー。吸《す》っとこ、吸っとこ～」

って、やってます。


同じ吸収でも意味が違いますが、そういうスタンスでいるだけで、違和感や距離感で悩むことはなくなりました。

そう、何事もスーッと吸収すればいいんです！

# 47 友だちとの関係に悩んだら、どうするか

私の周囲では、意外に同性同士のつき合い方に悩んでいる人が多い気がします。

つい先日も、ある知り合いの女性から、

「長年、仲のよかった友だちと最近、

**なぜかギクシャクしてしまって、どう修復しようか**

と悩んでいる」

という相談を受けました。

私も以前、似たような経験があります。そのときは、その相手の友人とはどんどん言葉が通じなくなってしまって、私の投げかける言葉が全部、違う意味でとられてしまったことがありました。

お互い同じ共通語の日本語で話しているのに、どうして理解してもらえないんだろう？　と、ずいぶん悩みましたが、結局、ギクシャクして離れていくのは、

「本当の友だちじゃなかったんだ」

と思うしかないですよね。

**どんな言葉を投げかけても、相手にそれを受け取る気がなければどうしようもない。あとは相手の問題なので、私の場合は、無理には修復しないですね。**

でも、本当に修復したいと思っているなら、自分の思いを正直に伝えるしかないんじゃないかな、と、相談を受けた友人には伝えました。

もともと私自身、相手と無理に仲よくしようとか、閉ざした相手の気持ちを無理にこじ開けようとはしないタイプなんです。

本当に大親友と呼べる相手には、けっこうストレートにお互い言葉をぶつけ合うこともありますし、気になったことがあったら、ちゃんと「どういう意味？」と聞

ける間柄だと思います。

言葉のやりとりでうまくいかなくなってギクシャクしてしまったら、もう一度、その相手と本当につき合いたいのかどうか考えたほうがいいかもしれません。

もしかすると、ただ単に仲よしグループから外《はず》れるのが怖いだけかもしれないですしね。

今は、仲よしグループがすぐSNSでつながって、お互いのやりとりをすぐチェックできてしまう分、関係がややこしくなっているように思います。

昔だったら、実際に会って話すしかなかったのに、今ではSNSでのやりとりがメインでのつながりになっているので、実際に会ったとき、会話がはずまなかったり、SNSでの発言と実際にやっていることのギャップが目立ってしまうことがあるのかもしれません。

誰かと言葉の勘違いやすれ違いが生じたら、それはその相手との関係を見直すサインだと思えばいいんです。

それ以上、つき合うかどうかは自分の気持ちしだいですし、こちらの言葉をちゃんと受け取ってくれない場合は、こちらの問題ではなく、相手の問題ととらえてみる。

アドラーの心理学じゃないですが、「ここからは私の問題じゃない！」と自分は自分のスタンスでいいと思っています。

とくに同じ言葉を選んで話しても、相手の体調や機嫌や状況によって、受け取り方は変わりますから。

**人との距離はそのつど、変わる。そう思っていれば、気持ち的にはラクです。**

別に、「あの人とは2段階くらいの距離、あの人とは5段階くらいの距離」と、分ける必要はありませんが、女友だち同士によくある、「私たちは親友だから、何もかもわかり合っているのが当たり前」という見えない縛《しば》りに悩むことはありません。

# 48

# 距離のとり方がうまい人って、どんな人？

『ズムサタ』にうたちゃん、っていうデスクの女性がいます。彼女はとにかく明るくて屈託がなくて、よくご飯を食べに行ってしゃべる仲なんですが、彼女は本当によく笑う子なんですよ。

私の話に、上を向いて「あはははは」って、本当に楽しそうに笑うので、彼女の笑い声を聞いたら、

「今日一日、頑張ってきてよかったわ。疲れがとんだわ～」

と、すごく癒《いや》されています。

彼女は、

「本当ですか？　こんなんでいいんですか？　いつでも家に行きますよ」

「あ、家には来《こ》んといて。家には来んといて」

「あはははは」

と、まあこんなやりとりができる相手なんですよね。

彼女みたいにフレンドリーだけど、適切な距離を保てる人は、どこの現場でも自分のポジションを築ける人だと思います。

ときどき、すごく壁を作っていて、周囲の人が、

## 「話しかけちゃいけないかな」

と、気をつかってしまう人って、いますよね。

私は「いつも目指せ、機嫌がいい女！」なので、仕事の現場ではいつでも「話しかけて！」と思っています。とくに初めての現場では、「何か話さなきゃ。話しかけてほしいな」と思って待つのがイヤなので、自分から話しかけるようにしています。

**壁をつくることで人との距離をとるのは、やはり得策ではありません。**一番いいのは、前述したうたちゃんのように、自分自身に壁を作らず、自然にフレンドリーでいながら、適切な距離をとるのが理想ですね。

そんなに難しいことではないと思いますよ。表情がほころんでいたり、明るく話

したり、声を出して笑うでもいいですし。

やっぱり暗い顔をしている人には話しかけにくいですもの。無理にテンションを上げる必要はないですが、機嫌がいい人には人が集まります。

そのなかでバランスよく距離を保てる人が、心地いい関係を作っていける人なのだと思います。

「人と適切な距離を保ちつつ、オープンマインドで」というのは、難しいことのように思うかもしれません。でも、第1章でもお伝えしたように、人は「わかり合えない」**部分があるからこそ、会話を通じて気持ちが近づいていき、心地いい人間関係を築いていけるのだと思います。**

人はわかり合えないと言ってしまうと、何か絶望的にも聞こえますが、それを踏まえてお互いが心地いい距離感で交流していくことは、実は機嫌よく生きていくためには、ベストとは言い切れませんがベターなスタンスだと、実感しています。

それに、人との心の距離も、近づいたり、ちょっと離れたり、そのときどきによって変わっていくもの。だからこそ、決めつけず、あきらめず、なるべく「機嫌がいい」というポジショニングでいられるのが理想ですね。

# 49

# キャンセルの仕方で距離感が試される

誰かと食事の約束や、出かける約束をしたときって、1ヵ月くらい前まではすごく楽しみにしているのですが、いざ、日にちが近くなってくると、いろいろ仕事の準備やすることが重なって、

**「なんで、この日に食事の約束を入れちゃったんだろう」**

と、思うことって、ないですか？

最初は、手帳にいろいろなスケジュールが書き込まれるたびに「楽しみ」でいっぱいになるのに、直近になると、なんだか気が引けてしまう……。

もちろん、約束は約束なので守りますが、あとから動かせない仕事が入ったり、体調が悪くなったりで、キャンセルの連絡を入れなければならないことって、ある

と思います。

私は正直に、

「食事会の日に仕事が入ったから、残念だけど行けなくなった。ごめんね！」

と伝えます。

4～5人での集まりの場合は、

「ごめん、今日はやめておくー」

と断ることも。でも、

「じゃあ、リスケ（リスケジュール：日程を組み直すこと）するね」

と、言われてしまうと、申し訳なさと、内心は（私抜きで、集まってくれていいよ～）と思ってしまったりします。

また、大勢での集まりではなく、一対一で会う約束をすることもありますよね。デートに限らず、大切な方との約束をキャンセルしなければならないときは、次回の約束をキャンセルすると同時にお願いするか、そのときスケジュールがお互い調整できないときは、日にちを改めて、こちらからお誘いするようにしています。

なぜ、キャンセルの仕方が大事なのかというと、このキャンセルをきっかけに、相手と距離が離れてしまうか、逆に「相手が大切な人」ということを伝えることになり、2人の仲が急接近する可能性があるからです。

たとえば、どうでもいい人から断られても、そんなにショックじゃないですよね。

でも、気持ちが傾《かたむ》いている人からの誘いをこちらの都合で断らなければならない、または相手から約束をキャンセルされたら……？

きっとショックだと思います。そこで考えます。なぜ、会えなくなって落ち込んでいるのだろう……と。それは相手のことが「好き」だから！

という本当の気持ちに気づくきっかけになることもあると思うんですよね。

あれ？　妄想《もうそう》スイッチ、入ってますか？（笑）

**あながちキャンセルって悪いことではなく、それが相手との距離を遠ざけもするし、近づけもするということを心に留めておいてください。**

自分はこの先、この人との距離をどうしたいんだろう、と考えつつ、お断りの言葉を選んでいただければと思います。

# 50
# 相手にお願いするときも距離感が大事

人との距離感を大事に、というお話をしてきましたが、断るのと同じくらい難しいのが、

**人にお願いをするとき**

です。

人間関係で適度な距離を保つ人は、基本は自分のことは自分で、という考え方をする傾向にあるようです。

私も年齢を重ねるごとに、人にお願いごとをするのが難しいと思うようになりました。

でも、依存と依頼は違いますよね。誰かに頼《たよ》って甘えて、自分がラクをしたいわ

けではなく、自分がやるよりも誰かにお願いしたほうが結果のクオリティが上がるなら、上手にお願いしてやってもらったほうがいいと思います。

お願いごとが大きなことでも小さなことでも、その伝え方はやはり大事です。

**「○○をお願いできますか？」**

**「これ、やっておいてね」**

と単刀直入にお願いするのが一般的ですが、これだと相手にとっては、「別に私じゃなくてもいいのでは？」とか「私だって忙しいし」と思うかもしれません。

**そんなときは、相手になぜお願いするのか？の理由をきちんと伝えることです。**

たとえば、大勢が集まる食事会の幹事をすることになった場合、自分ひとりで招待する人たちへの声がけやスケジュールやお店決めをやるのは大変です。

そんなときは、適材適所に適任者を決めて、

「Aさん、いつも情報通でリサーチが上手ですよね。今回、お店を選ぶの、お願いしてもいいですか？」

このように、相手の特性を認めて褒めてお願いすると、スムーズに伝えられますよね。

距離感に関して、お願いの仕方が悪いと、相手からは、「この人、いつも面倒なことを頼んでくる」と敬遠されてしまうかもしれません。

でも、**褒めてからお願いすると、相手の承認欲求が満たされるので、「もっとこの人のためになりたい」まではいかなくても、「自分の得意分野を人のために活かしたい」と思って快く引き受けてくれる可能性は高いですよね。**

そういう頼み方ができれば、お願いしてくる人を疎《うと》んじるのではなく、自分の特技特性や能力を認めてくれる人、と認識して、距離が縮まることにつながると思います。

心理学でも、

## 人は頼みごとをしてくる相手に好意を寄せる

という心理があるそうです。

なぜなら、「相手のお願いを引き受けるのは、相手のことが好きだから」と思う心理が働くからだとか。

この話を聞いてから、私はお願いすることに躊躇《ちゅうちょ》する必要はないんだな、と思いました（笑）。

頼みごとをする人の能力や個性を褒めてお願いすれば、周囲の人たちとの距離がいい意味で近くなったり、団結できたりするのだと思います。

COLUMN 「スナックモッチー」来店のすばらしいお客さま⑤

# 「ご近所感」で距離がグングン縮まる いとうあさこさん

人と話をするとき、その人と共通点が多いほど、距離を縮める速度が早くなるという場合があります。

それが年齢であったり、性別であったり、住んでいる場所であったり。共通点が多いほど、話すネタには困りませんよね。そういう意味で、距離が縮まるということは多いものです。

しかし、いとうあさこさんは違いました。共通点というよりも、まずは彼女がかもし出す親近感に驚かされました。

**なぜかご近所に住んでいるような、家族の一員のようなあの独特な心地よさは、いとうあさこさんならではは、だと思います。**

偶然、近所の知り合いに遭遇したような感覚で、「今日はいい天気だね。最近、肌の調子、どうよ？ 私は乾燥しちゃってダメだわ～」。そんなご近所トーク（笑）。

それがなんともいえない安心感を与えてくれ、会話を盛り上げてくださったことを覚えています。

きっと、彼女は相手が誰であれ、同じように安心感を与えていらっしゃるのだと思います。

**あらゆる世代の方から人気なのも、そういった安心感や親近感が共感を呼ぶのだと思います。**

笑いは「相手を癒《いや》す」ことにつながります。

そういった意味で、いとうあさこさんは相手を癒すエキスパートだと実感しました。彼女のように、トーク力と笑いで人を癒すことができる方って、なかなかいないと思うんです。

そんないとうあさこさん、とてもチャーミングで、女性としても、とても尊敬しています！

# おわりに

ある本に女性と男性では会話の目的が違う、ということが書かれていました。

女性は「共感」を得るために会話することを切実に望んでいて、共感してもらえないと一気にモチベーションが下がり、免疫力も下がってしまうそうです。

一方、男性は、「問題解決」のために会話するといいます。


たとえば、相手から「頭痛がするの」と言われたときに、女性の場合は、「え？頭痛？　つらいよね？」と共感の言葉を返します。

男性の場合は、「医者に行ったの？」「薬、飲んだら？」と共感の言葉ではなく、問題を解決するための会話になります。思い当たるふし、ありませんか？

男性・女性だけでも思考回路はこんなに違うんですよね。さらに年齢や生まれ育った環境など、違いはたくさんあります。そう思うと、自分がかかわり合う人たち全員と１００％わかり合うのは奇跡に近い気がします。

この本のなかで、「人はわかり合えない」という言葉をたくさん使ってきました。誤解されないよう、もう一度お伝えしますが、わかり合えないというスタンスのほうが相手をそのまま受け入れられ、自分との違いを楽しめるのではないかと思っています。

そんな私も、まだ十分その境地には達していません。日々、努力の生活です。

話すことを生業《なりわい》としている世界において、私以上に会話が上手《じょうず》な人は山ほどいます。それこそ富士山がいくつできるかわからないぐらいたくさんいらっしゃいます。私はアナウンサー経験もないので、話すことにコンプレックスもあります。もっと成長したい……、といまだに切望しています。

そんな私にあるとき、『ズムサタ』の総合演出の方から、「モッチーが会話していると、周りの空気が変わるよね。相手がリラックスしているように見える」と言っていただき、さらに「今の自分が語れることでいいので、本を出してみないか？」と、出版社の方と一緒に提案していただきました。

## おわりに

言葉は人の耳や目や頭に入った瞬間に、それぞれの受け手の解釈に沿《そ》った言葉になります。私がこの本にちりばめた言葉も、みなさんのなかでいい変換をして役立てるシーンがあったらいいな、と願うばかりです。

そして、今回、本を作るにあたり、たくさんの言葉を探しました。そうして思ったことは、言葉は自分が生み出す作品だということ。言葉が人を作る、人が言葉を作る。自分の感覚が言葉という形になるのは自信につながります。自信がつくと、余裕ができて周りが見えてくる。そんなことを改めて感じました。

この機会を与えていただいた辰巳出版の湯浅さん、たくさん助けていただいた編集担当の荻野さん、堤さん、加藤さん、そしてズムサタ演出家の高井さん、ありがとうございました。みなさんのご尽力なくして、この本はでき上がりませんでした。本の制作、販売に携《たずさ》わった皆様、心より感謝しております。

そして、ここまで読んでくださったみなさま……、本当に本当にありがとうございました!!!　みなさまが言葉のもつ力をよい方向に使いながら、もっともっと幸せになりますように。

私はこれからも、会話を通じて自分も相手も機嫌よく過ごせることをモットーに、ときどき「できない自分」とも向き合いながら、さらに上を目指して頑張っていきます。

望月理恵

【Profile】

## 望月理恵(もちづき りえ)

フリーアナウンサー。

兵庫県生まれ。神戸山手女子短期大学卒業。

『世界ふしぎ発見!』(TBS)でミステリーハンターとして活躍。その後、『Blue Ocean』(TOKYO FM) ほか、ラジオのパーソナリティをはじめ、さまざまな分野でMCを担当。2004年10月より『ズームイン!!サタデー』(日本テレビ　毎週土曜日午前5時30分～ 8時放送)の女性司会者となる。

著書に『モッチーズキッチン』(イースト・プレス)がある。

**現在の出演番組**

テレビ『ズームイン!!サタデー』(日本テレビ)
ラジオ『金曜ブラボー。』(ニッポン放送)

**企画・進行**　廣瀬和二　高橋栄造　説田綾乃　湯浅勝也　中嶋仁美
**販売部担当**　杉野友昭　西牧孝　木村俊介
**販売部**　辻野純一　薗田幸浩　草薙日出生　冨永啓仁　髙橋花絵
亀井紀久正　平田俊也　鈴木将仁
**営業部**　平島実　荒牧義人
**広報宣伝室**　遠藤あけ美　高野実加

**メディア・プロモーション**　保坂陽介
FAX：03-5360-8052　Mail:info@TG-NET.co.jp

はずむ！
# 「会話」の作り方
ネガティブな私が“会話の仕事”を続けられる50の方法

平成29年4月20日　初版第1刷発行

**著　者**　望月理恵

**発行者**　廣瀬和二

**発行所**　辰巳出版株式会社
〒160-0022
東京都新宿区新宿2丁目15番14号　辰巳ビル
TEL　03-5360-8960（編集部）
TEL　03-5360-8064（販売部）
FAX　03-5360-8951（販売部）
URL　http://www.TG-NET.co.jp

**印刷・製本所**　図書印刷株式会社


ISBN　978-4-7778-1854-9　C0077